只有放棄，才能擁有

GIVE UP TO OWN SOMETHING

段守正 編著

放棄是一種選擇，也是我們人生的一筆財富。

在人生之路上，要輕鬆、快樂的行走，也很簡單，
就是要盡量把有限的時間、精力、才智等，
運用到一種最舒適、最有意義的生活方式裡。

時間是個常數，但對勤奮者來說，是個變數。

把每一件簡單的事做好就是不簡單，把每一件平凡的事做好就是不

人類最大的弱點便是自己**瞧不起自己**。

人生需要執著，但執著是因為有了眾多放棄，才閃耀光華；
人生需要放棄，有了明智的捨棄，才能獲得自己真正最需要的東西，
進而獲得幸福成功的人生。

成長階梯：43

只有放棄，才能擁有

編　　著　段守正
出 版 者　大拓文化事業有限公司
執行編輯　王成舫
美術編輯　林于婷

總 經 銷　永續圖書有限公司
劃撥帳號　18669219
地　　址　22103 新北市汐止區大同路三段一百九十四號九樓之一
TEL　（〇二）八六四七－三六六三
FAX　（〇二）八六四七－三六六〇
E-mail　yungjiuh@ms45.hinet.net
網　　址　www.foreverbooks.com.tw

CVS代理　美璟文化有限公司
TEL　（〇二）二七二三－九九六八
FAX　（〇二）二七二三－九六六八

法律顧問　方圓法律事務所　涂成樞律師

出 版 日◇二〇一二年十月

國家圖書館出版品預行編目資料

只有放棄，才能擁有 / 段守正編著. -- 初版.
-- 新北市 : 大拓文化, 民101.10
面 ;　公分. -- (成長階梯系列 ; 43)
ISBN 978-986-6145-90-2(平裝)
1. 自我實現 2. 成功法
177.2　　101014562

前言

古時候，有一位高人在給慕名前來學習的人第一次講道理時，他先拿了一滿杯黑顏色的水，然後再往這杯子裡倒清水。杯裡的水不斷外溢，而杯中水仍有黑顏色混在其中。這時，那高人對求學者說：「要想得到一杯清水，必先倒掉髒水，洗淨杯子，不然，我們付出多少努力都可能是徒勞無功的。」

有追求必有所放棄，在學習方面是這樣，在生活的各個方面都是如此。人活一世，該放棄的一定要毫不猶豫的放棄，不放下你手中無用的東西，又怎能拿得起另外那些有價值的東西呢？人生的小舟若負載過多，就容易在風雨中傾覆。這時，你必須放棄一些多餘的包袱，去攀登勝利的高峰；若有著太多的放不下，就不能勇往直前，就永遠不能將峰頂踩在腳下。

放棄是一種選擇，也是我們人生的一筆財富。在人生之路上，要輕鬆、快樂的行走，也很簡單，就是要盡量把有限的時間、精力、才智等，運用到一種最舒適、最有意義的生活方式裡。只帶最需要也是最有益的東西起航，我們才能毫無拘束，輕鬆前進，擁有純粹的愉悅，更好的實現自我的價值。

很多人通常會認爲，放棄就是承認失敗。其實不然。古代智者告誡我們：「兩弊相衡取其輕，兩利相權取其重。」趨利避害，這也正是放棄的實質。從經濟學上來講，放棄是對各種機會成本進行考慮後做出的一種選擇，是對有限資源的再分配。藉由放棄，可以把有限的資源從利用效率較低的領域轉移到利用效率更高的領域，進而獲得總體的改善。我們耳邊經常能聽到這樣一句諺語，「退一步，海闊天空」。這句諺語可以說是機會成本的精闢體現。「退一步」的實質是放棄，放棄我們原來所堅持的觀點或事物，選擇另一種立場或處事方式。

在關鍵的時候，要敢於做出決定，敢於進行取捨。

放棄，對每一個人來說，都可能是一個痛苦的過程，因爲放棄、意味著永遠不再擁有；但是，不會放棄，想擁有一切，最終你將一無所有，這是生命的無奈之處。你必須學會放棄，選擇適合你自己應該擁有的；否則，生命將難以承受！

有這樣一首小詩：

不捨棄鮮花的絢麗，就得不到果實的香甜；

不捨棄黑夜的溫馨，就得不到朝日的明艷。

自然界是這樣，人生也是這樣。在人的幾十年的漫漫旅途中，有山有水，有風有雨，有捨棄「溫馨」和「絢麗」的煩惱，也有獲得「香甜」和「明艷」的喜悅，人生就是在捨棄和獲得的交替中得到昇華，到達高層次的大境界。不懂得捨棄的人，最終往往一無所獲；而適時適度的放棄一些東西，我們往往能夠獲得更多收穫！

放棄是自然界的規律，也是人生的一種成長方式，是一種智慧，是一門學問，是一項藝術。人生需要執著，但執著是因爲有了眾多放棄，才閃耀光華；人生需要放棄，有了明智的捨棄，才能獲得自己真正最需要的東西，進而獲得幸福成功的人生。

PART 1

放棄自卑，找準自己在生活中的位置

PART 2

放棄衝動，作出更理智的決定

PART 3

放棄魯莽，勿逞匹夫之勇

PART 4

放棄猶豫，認準了的事情就去做

PART 5

放棄急躁，更從容的面對生活

PART 6

放棄懦弱，勇敢的去競爭

PART 7

放棄脆弱，不要向困難屈服

PART 8

放棄不良的習慣，奠定走向卓越的基礎

PART 9

放棄懶惰，用勤奮去改寫平凡的人生

PART 10

放棄拖延，立即行動是建功立業的祕訣

PART 11

放棄僵化思想，嘗試靈活的解決問題

PART 12

放棄保守思想，必要時適當的冒險

PART 13

放棄隨波逐流的想法，追逐人生的理想

PART 14

放棄浮躁，腳踏實地去努力

PART 15

放棄平庸的思想，積極發掘自身的潛能

PART 16

放棄得過且過的思想，改寫不如意的人生

PART 17

放棄不切實際的高期望，減少挫折感

PART 18

放棄瞎忙，更有效的利用時間

PART 19

放棄粗心，小事不能疏忽

PART 20

放棄不適當的目標，別把固執當執著

只有放棄，才能擁有

GIVE UP TO OWN SOMETHING

自卑是自己為自己設置的障礙

只有跨越這道門檻

自卑者才能集中精力和鬥志去從事自己的事業

開始一種新的生活

放棄自卑，找準自己在生活中的位置

PART 1

居禮夫人曾說過：「我們對自己要有信心。一個人只要有自信，那麼，他就能成爲他希望成爲的那樣的人。」

不是每個人都可以成爲偉人，但每個人都可以成爲內心強大的人。內心的強大，能夠稀釋一切痛苦和哀愁；內心的強大，能夠有效彌補你外在的不足；內心的強大，能夠讓你無所畏懼的走在大路上，感到自己的思想高過所有的建築和山峰！因此，一定要把自卑從你的內心深處刪去。相信自己，找準自己的位置，你才會擁有更加精彩的人生。

01 只有跨越自卑的門檻，才能開始一種新的生活

自信心是比金錢、勢力、家世、親友更有用的條件。它是人生可靠的資本，能使人努力克服困難，排除障礙，去爭取勝利。對於事業的成功，它比什麼東西都更有效。

假使我們去研究、分析一些有成就的人的奮鬥史，我們可以看到，他們在起步時，一定是先有一個充分信任自己能力的堅強自信心。他們的心情意志，堅定到任何困難險阻都不足以使他們懷疑、恐懼。這樣，他們就能所向無敵了。

另一方面，對自己的看法消極，缺乏自信，常常是事業不能成功和生活不如意的主要原因。因此，爲了獲得理想的人生，首先要從自卑的陰影中走出來。

自卑者總是一味輕視自己，總感到自己這也不行那也不行，什麼也比不上別人。這種情緒一旦佔據心頭，結果是對什麼也不感興趣，憂鬱、煩惱、焦慮便紛至沓來。無論對待工作還是對待生活，都是心灰意冷，失去了奮鬥拚搏、銳意進取的勇氣。一

旦遇到困難或挫折，更是長吁短歎，怨天尤人，抱怨生活給予自己太多的坎坷。

形成自卑心理的最主要的原因是不能正確認識自己和對待自己。因此，要改變自卑，須從改變認識入手。要善於發現自己的長處，肯定自己的成績，不要把別人看得十全十美，把自己看得一無是處，要認識到他人也有不足。也就是說，要培養自己的自信心理。

例如，可以這樣試試：經常回憶那些經過努力，做成功了的事情；對一些做得不對的事情，進行自我暗示——不要緊，別人也不見得就能做好，自己再更努力一些，也許會把事情做好。

另外，要注意發現他人對自己好的評價。每個人總是以他人爲鏡來認識自己，也就是說人們總是根據他人對自己的評價來自我評價的。如果他人對自己做出較低的評價，特別是來自較有權威的人的評價，就會影響自己對自己的認識，自己也低估自己。因此，要注意捕捉他人對自己好的評價。事實上，不會所有的人都對自己評價較低，賞識、瞭解、理解自己的人總是有的，關鍵是要自己去用心捕捉，將捕捉到的好評價作爲自我評價的係數，以增強自信心理。

自卑是人自尊、自愛、自勵、自信、自強的對立面，自卑是人衝出逆境的絆腳石，自卑是自己爲自己設置的障礙，只有跨越這道門檻，自卑者才能集中精力和鬥志去從事自己的事業，開始一種新的生活。

美國第十六任總統林肯不僅是私生子，出生微賤，而且相貌醜陋，言談舉止缺乏風度。他自己對這些缺陷十分敏感，但一種補償的心理讓他超越了自卑。他克服了自己生理上的自卑感，在自己的長處、優勢上去努力成爲美國人民愛戴的總統。偉大的音樂家貝多芬在雙耳失聰的情況下，克服重重困難創作了著名的《第九交響曲》。

強者不是天生的，也有軟弱的時候，強者之所以成爲強者，是因爲強者善於戰勝自己的軟弱。偉人之所以偉大，就在於他們始終保持著一種積極樂觀的心態，比普通人更自信。

縱觀歷史上眾多的成功者，你也會發現，許多人開始時甚至比你起步的條件更糟，但他們成功了。原因是他們自信心十足，有成功的願望。林肯認爲：「一個人決定實現某種幸福，他就一定會得到這種幸福。」

成功的條件只需要有一個，你就注定有成功的希望，它就是：你希望成功，並始終相信自己會成功，永遠都不停止努力！

02 不要拿他人的標準來衡量你自己

心理學家發現，至少有百分之九十五的人，其生活多多少少受到自卑感之害，數百萬不能成功與幸福的人，也受到自卑感的嚴重阻礙。

從某個角度來看，地球上每一個人都不如另一個人或另一些人。自卑感的產生，不是來自「事實」或「經驗」，而是來自我們對事實的結論與對經驗的評價。

例如：你是個舉重不行的人，或跳舞不行的人，但是，這並不是說你是個「不行的人」。

自卑感之所以會影響我們的生活，並不是由於我們在技術上或知識上的不如人，而是由於我們有不如人的心理。

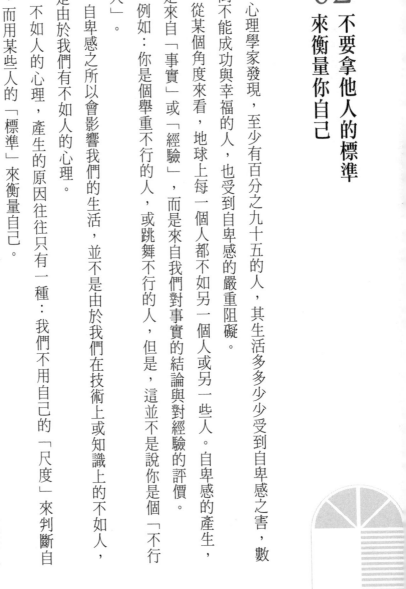

不如人的心理，產生的原因往往只有一種：我們不用自己的「尺度」來判斷自己，而用某些人的「標準」來衡量自己。

我們這樣做，毫無疑問的，只會帶來次人一等的感覺。因爲我們想，我們應該以某些人的「標準」來向他們看齊，所以我們覺得憂慮，不如人。因而下個結論說，我們本身有毛病，然後，這個愚昧推理過程的邏輯結論是：我們沒有「價值」，我們不配得到成功與快樂。

這些都是因爲我們接受了「我應該像某某人」的觀念，或「我應像其他每一個人」的錯誤觀念。

事實上，並沒有「其他每一個人」的通用標準，況且「其他每一個人」都是由個人組成的，世界上沒有兩個完全相同的人。

你身爲一個人，不必與別人比較高下，因爲地球上沒有人和你一樣，也沒有和你同一等級的人。

你是一個人，你是獨一無二的；你不像任何一個人，也無法變得像某一個人；沒有人要你去像某一個人，也沒有人要某一個人來像你。

不要拿他人的標準來衡量自己，因爲你不是他人，也永遠無法用他人的高標準來衡量自己；同樣的，他人也不該以你的標準來衡量他們自己。只要你瞭解這個簡單、明顯的真理，接受它，相信它，你的自卑感就會消失得無影無蹤。

爲了樹立自信心，不要過分關心別人的想法。你過分關心「別人的想法」時，你太小心翼翼的想取悅別人時，你對於自己假想的別人對你「不歡迎」過分敏感時，你就會有過度的否定反饋、壓抑以及不良的表現。

卑下與優越是一枚銅幣的兩面，只要瞭解這枚銅幣本身是一個整體，問題就解決了。你應該認識到：你不卑下，你不優越。你只是你。

03 你一定要學會正確衡量自己真正的價值

爲了邁向卓越的人生，你一定要相信你自己！如果對你自己的力量沒有最起碼的、適度的信心，你是根本不可能獲得成功或快樂的。

一位教育專家曾做了一個實驗，將學習成績較差的班級的學生當作學習優秀班的學生來對待，而將一個成績優秀的班級當作問題班來教。一段時間下來，他發現情況發生了變化：原來成績距離相差甚遠的兩個班級，在實驗結束後的總結測驗中，平均成績竟然相差無幾。

原因就是，老師們不明真相，用對待好學生的態度來對待成績較差的學生，使學生們的自信心得到鼓勵，因而學習積極性大增；而原來的優秀班學生，受到老師懷疑態度的影響，信心受挫，致使學習態度轉變，影響了學習成績。

有自卑感和有心理缺陷，會妨礙希望的實現。但是，有了恰當的自信心，卻能引導你自我實現和獲得成功。

當我們考慮到成功的時候，我們不會以大學學位、家庭背景及其他情況為標準，我們是以理想的遠大與渺小為準繩的。我們的理想的尺寸將決定成功的大小。現在，讓我們來看看，怎樣才能使我們的理想趨向遠大。

你是否問過自己：「什麼是我最大的弱點？」也許人類最大的弱點便是自我貶值——自己瞧不起自己。自我貶值的表現多種多樣。比如說：某人在報紙上看到一個招聘廣告，那正是他朝思暮想的工作。但是，他什麼也沒有做，因為他想：「我資格不夠，為什麼要去自尋煩惱？」自古以來，哲學家們便已給我們一個極重要的忠告：認識你自己！但是，大部分人看上去把這一勸告譯成是僅僅瞭解消極的自我。他們過多的看到自己的錯誤、短處和無能。

知道自己的先天不足是一件好事，因為我們自己畢竟還有缺陷。但是，如果我們僅僅知道我們消極本質的一面，情況就很糟了。這就會使我們覺得，我們的生活價值不大。這會限制我們的發展，因此，必須努力加以糾正。下面是幾個幫助衡量你真正價值的辦法：

一、瞭解你的五個主要的長處。

請幾個客觀的朋友來幫助尋找優點，他們將給予你真實的看法（最常見的優點多與教育、經驗、技術、長相、和諧的家庭生活、態度、性格和主動性等有關）。

二、認識自己的偉大之處。

在每個優點之下，寫下三個人的名字，而這三個都是你認識的、已取得極大成功的人；但在某些方面，他們卻比不上你做得好。

當你結束這一練習時，你會發現你至少在某個方面超越了許多成功者。

你只能得出這樣一個結論：你比你想像中的自我要偉大得多。爲此，讓你的思想跟上真正的你，再不要瞧不起你自己！

三、把自己當作世界上最重要的人。

你必須明白，當你瞭解自己是世界上最重要的人時，那並非自大。當你排除掉生活中瑣碎無關的事，而爲你內心的「我」，注以應得的關注時，並非是自負或是自私。

對於「看重自己」這句話，你不該解釋成自我崇拜。那是全神貫注於自己，而將別人排除的自我迷戀。你只需順著可能發展的方向，耐心的做你自己的工作，使自己成長，並且接受你的成長——因爲你是重要的。然後，你應該出去見見世面，和別人共享你的成就，而使世界充滿溫馨。每天這樣的磨練，會使你看重自己真實的一面；當有所需時，產生呼之即來的創造力。

當你每天不斷的嘗試，努力，再度激發你誠摯的熱情，加強你的自信，進而接納你自己，使你與自己更接近時，你得到了什麼？你得到的是：看重自己。

發脾氣是值得讚揚的　但你必須做到

在適當的場合　向正確的對象

在合適的時刻　使用恰當的方式　因為公正的理由而發脾氣

只有放棄，才能擁有

GIVE UP TO OWN SOMETHING

放棄衝動，作出更理智的決定

PART 2

衝動是一種最具破壞性的情緒。西方有句俗語：「衝動是魔鬼。」一時的衝動，會造成許多不愉快的、可怕的後果；一時的衝動，常常會釀成終生的遺憾。

因此，一定要學會採取一些積極有效的措施來控制自己的衝動，努力做到「任憑風浪起，穩坐釣魚船」，凡事「三思而後行」。

04 衝動是魔鬼，容易叫人做出蠢事

「急則有失，怒則無智。」遇事衝動、動輒發怒既有損身體健康，又讓人喪失理智，做出一些瘋狂的舉動，讓人失去金錢、友誼甚至生命。

在非洲草原上，吸血蝙蝠在攻擊野馬時，常附在馬腿上，用鋒利的牙齒極敏捷的刺破野馬的腿，然後用尖尖的嘴吸血。無論野馬怎麼蹦跳、狂奔，都無法驅逐這種蝙蝠，蝙蝠卻可以從容的吸附在野馬身上，直到吸飽吸足，才滿意的飛去。而野馬常常在暴怒、狂奔、流血中無可奈何的死去。

但害死野馬的不是吸血蝙蝠，而是野馬自己。動物學家們經過研究發現，吸血蝙蝠所吸的血量是微不足道的，根本不會讓野馬死去；讓野馬死亡的真正原因，是牠暴怒狂奔的性格所致。

俗話說：「一碗飯填不飽肚子，一口氣能把人撐死。」如果我們遇事也如同野馬那樣，不能控制心態，不能理智、冷靜的面對一切，就很有可能自取滅亡。

大家都很熟悉《三國演義》的故事。劉備、關羽、張飛三人生死與共，齊心協力，從寄人籬下到打下了一大片江山，事業上是「芝麻開花節節高」。可是，這一份偉業從關羽走麥城開始，由盛轉衰——關羽大意失了荊州，被吳國生擒斬首；然後，張飛被部下暗殺遇害；最後，就有劉備七十萬大軍被東吳的一把火燒盡。

這一連串的「倒霉事」，就是因爲三兄弟的衝動。關羽的狂妄自大，爲他失敗埋下了伏筆；張飛爲關羽報仇心切，心情失控，以鞭打部下來發洩其情緒，導致被害；最後，穩重的劉備也失去了理智，顧不得孔明等人的苦苦規勸，執意伐吳，結果導致慘敗，最終落了個白帝城殞命的結果。

衝動爲什麼是魔鬼？因爲人在發怒時，交感神經興奮，腎上腺素分泌增加，會引起一系列身體變化，如：肌肉緊張、毛髮豎起、鼻孔開大、橫眉張目、咬牙切齒、緊握雙拳……總之是調動了身體裡所有的能量儲備，這時的人就好比是一個炸藥桶，後果是不堪設想的。

經常衝動，心臟、大腦、腸胃都會受到損害，嚴重者甚至會致人死命。由此看來，衝動實在是有百害而無一利、損人又不利己的愚蠢行爲。

亞里斯多德有一句名言：「發脾氣是值得讚揚的。但你必須做到：在適當的場合，向正確的對象，在合適的時刻，使用恰當的方式，因爲公正的理由而發脾氣。」這位哲學家其實就是在告誡我們，要學會控制自己的衝動情緒，不要因一時衝動而使自己變成情緒的奴隸。

遇事千萬別衝動，要用平常的心態、大度的胸懷，理智的去對待各種事情，以便更理智的進行判斷，更正確的進行決策。

05 用足夠的理智去克服「感情用事」的毛病

人的感情是具有社會屬性的情緒或情感，它受理智的控制和調節，感情的表現必須符合特定歷史時期的社會規範或風俗習慣。

人非草木，孰能無情？喜怒哀樂，乃人之常情。遇順心之事，心中暗喜，面露笑容；遇煩惱之事，愁眉苦臉，悶悶不樂；遇傷心之事，鼻子發酸，乃至失聲痛哭；遇激憤之事，怒火沖天，怒容滿面。

但是，如果任憑感情自然發展和顯露，不系之以理智的大繩，做出違背社會規範或風俗習慣的事來，那就是衝動之下的感情用事了。

如何避免衝動，克服「感情用事」的毛病呢？不妨嘗試運用以下幾種方法：

一、自我暗示法。

人具有對自己的主觀世界或心態進行知覺的能力。當人們知覺到自己屬於「感情用事」者時，就應當有意識的加以改正。遇到愉快或煩惱之事處於激情狀態時，就應該進行自我暗示：「我有感情用事的毛病，不能再輕舉妄動，應當冷靜下來仔細分析，理智的對待此事。」

藉由自我暗示，達到產生「壓抑作用」的效果。即把不被社會允許的念頭、情緒情感和衝動，在不知不覺中壓抑到無意識中去。

這是克服「感情用事」毛病的最基本的方法。

二、反向作用。

即自我為了控制或防禦某些不被允許的感情衝動，而有意識的做出相反方向的舉動。比如，同事之間鬧矛盾，總想發洩自己的不滿情緒，或吵架或打鬥，但這只會使關係越來越糟。

如果相反，暫時強迫自己對對方好一些，更關心禮讓一些，對方就會改變態度。待雙方冷靜後，兩人再溝通，不滿情緒就消失了，就不至於鬧到誓不兩立、不可開交的地步。

三、進行理智的思考。

有一句流傳頗廣的話說：「最可怕的敵人是自己。」這句話的變體還有「最難以戰勝的是自己」等等。在西方有這樣一句名言：「所謂理智，只不過是思考的結果。」

很多的時候，我們的第一個念頭只不過是來自大腦「尚未思考」或者「尚未思考清楚」的衝動而已。而這樣的時候，如果我們聽從了這個念頭，很可能結果就是所謂的「被自己打敗了」。

而如果我們可以堅持啓動思考，或者堅持思考下去，最終得到的可能就是深思熟慮的成熟結果，這樣的時候，我們就戰勝了自己。

當我們面臨重要決策的時候，爲了避免衝動，可參考下面的建議：拿出紙筆，真實而又詳細的把當時的想法記錄到一張紙的左半邊；在這些文字之前加上一句話：「我的大腦告訴我的是……」，在右半邊寫上一句話：「我想知道我的心智能告訴我什麼……」而後，盡量在右半邊的這句話之下接著寫下去。

想到什麼就寫什麼，寫得越多越好……

當我們把想法寫出來，然後在此之前加上「我的大腦告訴我的是……」這句話的那一瞬間，我們開始不由自主的區分「衝動」和「心智」。更爲重要的是，在這一瞬間，我們開始意識到衝動的存在以及思考的必要。

許多人一生真的都是在「跟著感覺走」，最終吃了大虧卻毫無察覺。做事不要「憑直覺」而是「再想想」。這樣，就避免了衝動。

PART 3

放棄魯莽，勿逞匹夫之勇

在生活中把握機遇需要果斷的判斷和決策力。然而，果斷絕對不是草率，更不是魯莽。正如英國著名詩人凱瑟琳·雷恩所說：「草率和魯莽與果斷是格格不入的。魯莽往往以勇敢的名義出現，但它是另一回事，並不屬於美德；勇敢直接來源於謹慎，而魯莽則出於愚蠢和想當然。」快速、平靜的深思熟慮，才能做出準確、得體的反應。而逞匹夫之勇，急於爭強好勝，就容易因小失大、顧此失彼。

06 要勇敢，但是千萬不可莽撞

一位著名的學者指出，我們沒有辦法知道每件事，但是有辦法在我們決定前多知道一些，也有辦法給我們多點時間思考。

莎士比亞早期的作品《羅密歐與茱麗葉》的故事，被人們認爲是西方愛情的經典。羅密歐與茱麗葉，這兩個爲愛情而誕生的可愛人物，在世界的讀者或者觀眾心中留下了難以磨滅的印象。尤其是「愛情騎士」羅密歐的魯莽性格和那種直率的風範，更讓人慨歎不已。

羅密歐的鮮明性格貫穿於他在追求自由愛情的整個過程中。他自愛上茱麗葉之後，焦灼的思念使得他不惜冒著重重的危險，翻牆到世仇的家裡去見茱麗葉一面。聽到茱麗葉的心聲之後，他感動得想以最快的速度建立婚姻關係，結果，在勞倫斯神父和奶媽的幫助下，兩人祕密結婚，顯示出對愛的真切渴求以及對封建禮教的徹底反叛。

婚後僅幾小時，爲替好朋友茂丘西奧報仇，羅密歐在格鬥中殺死了茱麗葉的表哥提伯爾特。因此，羅密歐被判放逐。他在離開故鄉之前，覺得自己的行爲傷害了茱麗葉，玷污了摯愛，竟想拔劍自殺。

當聽到茱麗葉已死的消息時，「不顧死活」的羅密歐被情敵帕里斯激怒，他的利劍再一次舉起，在茱麗葉的墳墓外殺死了帕里斯，然後服毒自盡。

不難看出，羅密歐勇敢中的莽撞成分，意氣用事，不計後果，每每在關鍵時刻缺乏成熟的思考。這些騎士時代的普遍特點在羅密歐身上都有體現。

勞倫斯神父就曾指出，羅密歐是一個魯莽的男人。如果不是魯莽，就不會有因殺人而被放逐的結果。但正因羅密歐的魯莽和被放逐，才使得羅密歐沒去細查茱麗葉死亡的真相，最終雙雙殉情，把悲劇推向了高潮。

至於《水滸傳》中的李逵、《三國演義》中的張飛，更是家喻戶曉的魯莽形象。在文學作品中，這類人物雖然總是容易闖禍，但是其形象還是很可愛的。

然而，在生活中，魯莽和草率行事的危害是非常大的。因此一定要努力放棄魯莽的做法。

在做出最佳決定前，我們必須先分辨，這是個主要決定，還是次要決定。主要決定值得我們花全部或大量的注意力和精力；而次要的決定則不必要。

經常做出正確決定的人，會忽略那些明顯的小缺點，因爲它們對他們的生活沒太大的影響。但是，一旦他們相信小的疏漏會產生大的影響時，他們就會快速做出反應，立即採取相應的措施。

對長期的問題提出短期的解決之道，通常是不佳的決定。做出不佳決定的人，可能沒有意識到長期目標，或者只因爲短期目標看起來比較容易做到，就選擇了它。有許多短期的目標是在害怕失敗的壓力之下決定的。

試著花點時間來作決定，問問自己：「我會因等待而失去什麼？我可能贏得什麼？」雖然並不能總是確定決定是對的，但是花點時間來思考，其正確合理的可能性通常要大一些。

人們通常會傾向於讚賞盡快作出決定。因爲他們不能夠容忍遲疑不決，特別是年輕人。由於社會的期待與影響，許多年輕人還不清楚自己到底想要什麼的時候，就不得不做決定、做選擇、做計劃，並且去努力實現它們。

於是，有些人就在他們還猶豫不定時就做了選擇。儘管這樣做有時是不明智的，甚至是糟糕的，他們也還是會覺得解脫，感覺比較好過，但是他們很快就會發現更不好受。

遲疑不定有時會讓人感到困惑。但是通常在一陣困惑之後，有人就有可能放棄舊的想法和偏見，讓問題更清晰可見，把目標加以調整，根據另外的思路來作決定。

從這個意義上說，猶豫不決可能是一個相當有價值的成長階段的開始，每個人都應當珍視，並從中獲取一些有用的東西，彌補我們的缺陷。

草率作決定只是在逃避自我懷疑，但是這樣的做法只能將那些困惑疑慮暫時埋藏起來。因此，假如你不能大致上確定或評估結果如何，就先別妄作決定。

07 學會控制自己，更加有效的利用激情

追求卓越的人一定要懂得，激情奔放的力量不加以控制，則過猶不及，會使你的心智失去平衡，而這正是你可能摔跤的地方。你唯一的對策便是控制自己，控制衝動，像駕馭烈馬一樣。如果此時此刻你能夠保持理智，壓住冒險的衝動，不受誘惑，那麼，你的定力足以使你在以後的日子裡遇事冷靜，不會頭腦發熱！

爲了更加有效的利用你的激情，爲了增加冒險的成功係數，一定要適度的進行自我控制，防止衝動和魯莽。

許多人都會在情緒衝動時做出使自己後悔不已的事情來，因此，應該採取一些積極有效的措施來控制自己衝動的情緒。如下建議可供參考：

一、想一想，再去做。

愛衝動的人在行動前常常不假思索，很少考慮行爲的結果，並沒有考慮到該行爲的利與弊，相應的採取一種適宜的行爲方式。

爲了提高自己的自我控制能力，就應該學著在做事之前先想一想，根據自己以往的生活經驗或他人的經驗想一想：這麼做會有怎麼樣的結果？對自己個人以及周圍他人會產生哪些有利的和不利的影響？在此基礎上，對自己的行爲進行調控，採取適宜的行爲方式。

在遇到較強的情緒刺激時，應強迫自己冷靜下來，迅速分析一下事情的前因後果，再採取表達情緒或消除衝動的「緩兵之計」，盡量使自己不陷入衝動魯莽、簡單輕率的被動局面。

比如，當你被別人無聊的諷刺、嘲笑時，如果你頓顯暴怒，反唇相譏，則很可能引起爭執，怒火越燒越旺。但如果此時你能提醒自己冷靜一下，採取理智的對策，如用沉默爲武器以示抗議，或只用寥寥數語正面表達自己受到傷害，指責對方無聊，對方反而會感到尷尬。

二、學會從別人的角度考慮問題。

自我控制是個體對自身心理與行爲的主動掌握。透過自我控制，發展自身的適宜行爲，而避免不適宜行爲的產生。因此，一個人的失控行爲常常會伴隨著產生一些不良的後果，包括對自己和對他人的。

衝動型性格的人由於自我中心化傾向較強，他們往往更多的是站在自己的角度，而不是他人的角度來考慮問題，只根據自己的意願而行動，很少考慮他人。

因此，爲了克服這種弱點，應該有意識的培養和提高自己的移情能力，提高自己對他人情緒情感的敏感性，學著站在他人角度，感受和理解自身行爲對他人所造成的影響，有意識的控制和調整自己的行爲，以提高自我控制的水平。

三、生氣時努力轉移自己的注意力。

使自己生氣的事，一般都是觸動了自己的尊嚴或切身利益，很難一下子冷靜下來。所以，當你察覺到自己的情緒非常激動，眼看就要控制不住時，可以及時採取暗示、轉移注意力等方法自我放鬆，鼓勵自己克制衝動。

可採用言語暗示，如「不要做衝動的犧牲品」，「過一會兒再來解決這件事，沒什麼大不了的」等。或轉而去做一些簡單的事情，或去一個安靜平和的環境，這些都很有效。人的情緒往往只需要幾秒鐘、幾分鐘就可以平息下來。

但如果不良情緒不能及時轉移，就會更加強烈。比如，憂愁者越是朝憂愁方面想，就越感到自己有許多值得憂慮的理由；發怒者越是想著發怒的事情，就越感到自己發怒完全應該。根據現代生理學的研究，人在遇到不滿、惱怒、傷心的事情時，會將不愉快的信息傳入大腦，逐漸形成神經系統的暫時性聯繫，形成一個優勢中心，而且越想越鞏固；如果馬上轉移，想高興的事，向大腦傳送愉快的信息，爭取建立愉快的興奮中心，就會有效的抵禦、避免不良情緒。

四、在冷靜下來後，思考有沒有更好的解決方法。

在遇到衝突、矛盾和不順心的事時，不能一味的逃避，還必須學會處理矛盾的方法。

首先，要明確衝突的主要原因是什麼，雙方分歧的關鍵在哪裡。

然後，再想一想：解決問題的方式可能有哪些？哪些解決方式是衝突一方難以接受的？哪些解決方式是衝突雙方都能接受的？

最後，找出最佳的解決方式，並採取行動，在這一過程中逐漸積累經驗。

人需要激情，需要冒險，而且需要保持這樣的激情和冒險精神。但是冒險和激情絕對不是頭腦發熱的，而是理智的、清醒的，建立在充分獲得信息並客觀分析的基礎之上的。

對於每個人來講

要想把握機遇　獲得成功　就需要果斷的判斷和決策力

放棄猶豫，認準了的事情就去做

PART 4

不要衝動和魯莽，只是強調要慎重。謹慎，不是要我們畏畏縮縮、瞻前顧後。機遇就像閃電，只有快速果斷的採取行動，才能將它捕獲。

認準了的事情，不要優柔寡斷；選定了一個方向，就只管上路，不要遲疑不決。有些事情是不能等待的，一時的猶豫，留下的將是永遠的遺憾！

08 善於果斷的解決問題才能贏得更多的機會

《史記》中有這樣一句名言：「當斷不斷，反受其亂。」對於這一謀略，書中還講了這樣一個故事：

戰國時代，楚國令尹（掌握軍政大權的大官）春申君黃歇任職期間，有人勸他及早把一個實力派人物李園除掉。黃歇猶豫不決，優柔寡斷，遲遲沒有接受勸告，後來反被李園派來的刺客殺死。

一般來說，這種封建士大夫之間的爭權奪利，沒有任何可取之處。但是，《史記》藉由這個故事卻揭示出一個千古以來一直被人高度重視的謀略，那就是當斷不斷，反受其亂。遇事「當斷不斷」，猶豫不決，就會貽誤時機，因此「反受其亂」。俗話說：「機不可失，時不我待。」面對良機，應該當機立斷，果敢的、及時的做出有利於自我的決策。

如何及時的抓住良機呢？這就需要我們具有果斷的素質。

有這樣一個故事：

一家攀岩俱樂部招聘兩名工作人員，進入最後角逐的五男一女六名應聘者，他們被分別領進六個房間，房間裡各放著已牢牢的綁在一起的兩條尼龍繩。主考人員宣佈：誰先解開那個繩結，也就是說誰先將兩條繩子分開，誰就可以進入老闆的辦公室，接受老闆的面試。但時間只有三十分鐘，超過時間仍不能解開繩結者，將不再具有面試資格。

最後，只有一男一女坐在了老闆的面前。而其他四位男性，有兩位還未到規定的時間就已經放棄了；另兩位，直到時間結束也沒能解開那牢牢的死結。

在老闆的辦公室裡，已準備好合同，先進來的就可以簽約。原來，那個女的五分鐘不到就走出房間，向主考人員借了打火機，將那個非常牢固的繩結果斷的燒斷了；那個男的，剛過十分鐘，也走出房間，他向廚師借了一把菜刀，當機立斷的將那個怎麼也解不開的繩結一劈爲二……

或許其他四個人認爲這道考題的用意是檢驗應聘者的手勁或耐心。其實，他們都錯了。

事後，老闆的一番話道破了解繩試題的內在玄機，他說：「一個人能不能勝任某項工作，或說能不能完成某項任務，往往不在於他的體能和智力，而是取決於他能不能進入角色，果斷的解決問題。」

美國有一家著名的管理公司，曾經對頗有管理成效的三十七家公司進行過一番調查，結果表明，獲得成功有八個條件，其中最重要的一條就是行動要果斷，辦事要有魄力。

對於每個人來講，要想把握機遇，獲得成功，就需要果斷的判斷和決策力。要知道，機遇從來是不等人的。

說到果斷，人們很容易聯想到草率、魯莽。然而，果斷絕不是草率，更不是魯莽。草率和魯莽是愚昧無知和粗心大意的伴生物；而果斷則是對信息做了充分加工，做出十分迅速準確的反應，是快速、平靜的深思熟慮。

草率和魯莽與果斷是格格不入的。生活中的每個人都需要當機立斷，否則，只會貽誤「戰機」，最終一無所獲。

機遇太珍貴了，一定不能失去，否則後悔也來不及了。大哲學家培根說過：「機會先把前額的頭髮給你捉，而你不捉以後，就要把禿頭給你捉了；或者至少它先把瓶子的前端給你拿，如果你不拿，它就要把瓶子滾圓的身子給你，而那是很難捉住的。

在開端起始時善於抓住時機，再沒有比這種智慧更大的了。」所以，當機會到來時，必須毫不猶豫的迅速捕捉；一旦時機成熟，就抓住不放。

不能做決定的人，固然沒有做錯事的機會，但也失去許多成功的機遇；機遇不會總有的，當有機遇時一定要及時抓住。

09 要敢於去實施經過深思熟慮的決定

威·布萊克曾說過這樣一句名言：「謹慎毫無用處，除非再加上果斷。」果斷，是指一個人能適時的採取經過深思熟慮的決定，並且徹底的實行這一決定，在行動上沒有任何不必要的躊躇和疑慮。

果斷的性格，能使我們在遇到困難時，克服不必要的猶豫和顧慮，勇往直前。有的人面對困難，左顧右盼，顧慮重重，看起來思慮全面，實際上茫無頭緒，不但分散了與困難對抗的精力，更重要的是，會消蝕與困難對抗的勇氣。

果斷性在這種情況下，則表現爲沿著明確的思想軌道，擺脫對立動機的衝突，克服猶豫和動搖，堅定的採納在深思熟慮基礎上擬定的克服困難的辦法，並立即行動起來與困難對抗，取得克服困難的最大效果。

果斷的性格，能夠幫助我們在執行工作計劃和學習計劃的過程中，克服和排除跟計劃相對立的思想和動機，保證善始善終的將計劃執行到底。

思想上的衝突和精力的分散，是不果斷的人的重要特點。這種人沒有力量克服內心矛盾著的思想和情感，在執行計劃過程中，尤其是在碰到困難時，往往長時間的苦惱著怎麼辦，懷疑自己所作決定的正確性，擔心決定本身的後果和實現決定的結果，老是往壞的方面想，猶豫不決，因而計劃老是執行不好。

而果斷的性格，則能幫助我們堅定有力的排斥上述這種膽小怕事的、顧慮過多的庸人自擾，把自己的思想和精力集中於執行計劃本身，因而加強了自己實現計劃、執行計劃的能力。

果斷的性格，可以使我們在形勢突然變化的情況下很快的分析形勢，當機立斷，不失時機的對計劃、方法、策略等等做出正確的改變，使其能迅速的適應變化了的情況。

而優柔寡斷者，一到形勢發生劇烈變化時就驚慌失措，無所適從。他們不能及時根據變化了的情況重新做出決策，而是左顧右盼，等待觀望，以至坐失良機，常常被飛速發展的形勢遠遠拋在後面。

可見，果斷的性格無論是對任何人，無論是對於工作，還是對於生活和學習，都是必要的。

果斷的性格，產生於勇敢、大膽、堅定和頑強等多種意志素質的綜合。

果斷的人在採取決定時，他的決定開始時也不可能會是什麼「萬全之策」，只不過是諸方案中較好的一種。但是在執行過程中，他可以隨時依據變化了的情況對原方案進行調整和補充，進而使原來的方案逐步完善起來。

果斷並不等於輕率。有人認爲，果斷就是決定問題快。實際上，在情況不要求立即行動，或者對於行動的方法和結果未加足夠的考慮就倉促的採取決定，這並不是果斷，而是輕率、衝動和冒失，是意志薄弱的表現。

這種表現在優柔寡斷的人身上可以觀察出來，因爲深思熟慮對於一個優柔寡斷的人來說，乃是一個複雜而痛苦的過程，所以，他們總想力求盡快的從其中解脫出來，他的行動常常是倉促的，急躁和莽撞的。

果斷的人採取決定時的迅速，和意志薄弱的人的倉促決定毫無共同之處。

必須把果斷和武斷加以區別。有的人剛愎自用，自以爲是，遇到事情既不調查研究，也不深思熟慮，就說一不二的定下來，貿然的去從事。從表面看，好像果斷得很，可實際上卻跟果斷南轅北轍。

果斷並不排斥深思熟慮和虛心聽取別人意見。恰恰相反，正因爲多想、多問、多商量，才能使人們對事情更有把握，因而更加果斷。

自以為是、主觀臆斷的人，有果斷的外表，無果斷的實質，往往把事情辦壞，是我們應當努力加以避免的。

10 下決心改正優柔寡斷的習慣

一位哲人指出：「站在河邊呆立不動的人，永遠也不可能渡過河去。世間最可憐的，是那些做事舉棋不定、猶豫不決、不知所措的人；是那些自己沒有主意，不能抉擇的人。這種主意不定、意志不堅的人，難以得到別人的信任，也就無法使自己的事業獲得成功。」

優柔寡斷的人，不敢決定每件事，他們拿不準決定的結果是好還是壞，是凶還是吉。有些人的本領不差，人格也好，但就是因爲寡斷，往往錯過了許多好機會，一生也未能成功。

而善於決斷的人，即使會犯些小錯誤，也不會給自己的事業帶來致命的打擊，因爲他們對事業的推動，總比那些膽小狐疑的人敏捷得多。

如果你有優柔寡斷的傾向或習慣，你應該立刻下決心改正它，因爲它足以破壞你各種進取的機會。在你決定某件事以前，你應該對這件事有個全面的瞭解。你應該運用全部的常識和理智，鄭重考慮，但一經決定以後，就不要輕易反悔。

在做重大決定時搖擺不定、不知所措是一個人品格的致命缺點。具有這種弱點的人，從來不會是有毅力的人。這種缺點，可以破壞一個人對於自己的信賴，可以破壞他的判斷力，更會有害於他的事業。

多麗斯想等女兒上了初中，她決定再去工作。當時有三份好工作任她挑選，但她遲遲不能做出決定。經過兩星期的選擇，她最終下了決心，但爲時已晚，三份工作均已被別人捷足先登。

心理學家發現，多數人都害怕決策失誤。這種擔憂有三個主要原因：

一是希望永遠正確。

有些人在諸如去看哪場電影、看哪個電視節目或去哪裡度假之類小事上都不能下決心，是因爲他們過於擔心會犯錯誤。並非因爲決策事關生死，而只是因爲人們不能容忍犯錯誤。

二是混淆客觀事實和主觀想法。

多數決定均需以客觀事實爲據，也有很少一部分可根據主觀感覺。如果不能分清兩者，則很難做出理性的決策。

三是擔心永遠承擔義務。

有些人認爲決策是一成不變、不可撤銷的。這不正確，假如你決策失誤，最簡單的方法就是重新決策加以改正。

有學者指出，實作加經驗才能造就果斷。想要學會怎樣做出正確決策，你應遵守下列準則：

一、學會對自己行為自信，不要延誤，不要拐彎抹角。

二、弄清事實後再下決心，然後十分自信的下達命令。

三、給自己規定一個合理的決策期限。具體的期限可迫使你掌握事實。

四、盡量限制選擇範圍。

比如你在挑選新地毯，由於選擇面太寬，不知應選哪一塊，這時就要縮小範圍。方法是每次只看三塊，挑出一塊最好的，然後再看另外三塊，挑出其中最好的，依次挑下去，之後把選出的最好的毯子放在一起，再重複同一程序直到最終只剩下一塊爲止。

你可用同樣方法挑選西服、鞋襪、外套、領帶等等。

五、重新檢查已做的決定，看看是否穩妥及時。

六、分析他人所做的決定。

假如不同意，就要確定不同意的原因是否穩妥，合不合邏輯。

七、開闊眼界。

方法是研究他人的行爲，從其成功或失敗中獲益。

八、不要小題大做。

要爲重大決策積蓄能量，不要爲決定晚飯吃蘿蔔還是白菜而大傷腦筋。

不管是想成就一番大的事業，還是要在小事上做出抉擇，都要有果決的魄力，否則就容易喪失很多機會。

為了更好的生活　為了高品質的生活

必須克服急躁情緒　學會更從容的面對生活

只有放棄，才能擁有

GIVE UP TO OWN SOMETHING

放棄急躁，更從容的面對生活

PART 5

生命如茶，慢慢的泡，細細的品，才能嘗到美妙無窮的滋味。我們無論做什麼事，都要站得高些，看得遠些。重要的是從根本上掌握要領，不計功利，努力將眼下的每一件事情做好。

如果過於急躁，往往會欲速則不達，事倍功半。即使等待，在生活中也很有意義。一方面你可以積蓄力量；另一方面，只有經過努力和歷盡艱辛實現的願望，才更能令人滿足。

11 培養耐心，不要急功近利

有這樣一道選擇題：

一、今天一次性給你一百萬元。

二、今天給你一元，連續三十天每天都給你前一天兩倍的錢。

你會選哪一個？

可能絕大多數人都會選擇一。然而，選擇一的，只能得到一百萬元；而如果選擇二，卻能在第三十天得到五億多元！

這道選擇題帶給我們人生的啓示是深刻的：不要企望一夜暴富，因爲一夜暴富的財富總是有限的。

人生成功的過程，是一個連續不斷努力的過程，是一個不斷堅持、不斷超越的過程。

有些人做事往往很急躁。計劃還沒制定好就開始行動了。等到做了一半，出現了許多意料之外的新情況，才發現有許多因素當初沒考慮到。

於是，只好回過頭來重新決策。這時，已做了不少無用功，浪費了大量的人力物力。但這時後悔又有什麼用呢？因此，考慮如何放棄急躁、培養耐心是非常必要的。

如何培養耐心，克服急躁情緒呢？有關學者爲我們總結了如下建議：

一、不要癡迷於會降低你的身體和精神效率的活動。

比如說飲酒過量，會降低你身體的忍耐力，會降低你清晰思考的能力，也會降低大腦發揮正常作用的能力，最終會導致體力和腦力的劇烈惡化，進而使你變得容易急躁。

幾乎沒有哪個經常喝酒過量的人，會成爲成功的管理人員或者練就了高超的辦事能力。事實上是，有不少已經獲得了成功的執行人員，由於嗜酒成癖，最後反受其害，從他們佔據很高的地位上跌落下來。

當你身體的忍耐力、你的健康，乃至你的生活都失去常態的時候，你的大腦就不可能進行正常的思維和發揮正常的作用。不管這種失常是由於飲酒、吸毒，還是由其他原因造成的。

你不妨嘗試一下，看看在你覺得身體不適之時，或者說喝了酒之後，能否做出一個正確而又及時的決策。

二、培養運動的習慣以增強你的體質。

對於一個成天忙於怎樣賺錢的人員來說，進行運動，似乎是最合適不過的了。不管是什麼類型的運動，只要你能持之以恆，都會增強你的體質，而且運用超負荷的原則，還可以增加你的忍耐力。

超負荷的原則早已被實驗所證明，肌肉的發達與改善，是根據你增加給肌肉的壓力需要而定的。如果你期望不斷的改善，隨著能力的不斷增加，給肌肉的這種壓力需要也必須不斷的增加。

三、培養一項自己感興趣的運動。

壘球、網球、排球，雖然是美好的運動項目，但一個人沒法玩，年紀大了也不便玩。可是，高爾夫球、保齡球、慢跑、釣魚，卻是一些既能與其他人共同享受，又能自己單獨享受的運動項目，健康的體魄是你謀取財富的第一個物質基礎。

四、強迫自己進行一些緊張的腦力勞動，考驗你的精神忍耐力。

有時，當你疲勞至極，而且你的精力也已到了殆盡的地步時，你還要強迫自己工作，這有助於你克服急躁情緒，培養忍耐力。

五、盡量以你最佳的體力和智力狀態完成各項工作。

這通常是對你的忍耐力的最好考驗，也是保持勇氣、保持耐力的一種方法。

不論今天成功的起點再低，但只要你今天比昨天努力一點，明天比今天努力一點，每天努力一點，每天進步一點，就能創造一個意想不到的奇蹟。

12 放慢生活的腳步，提高生活的品質

我們必須經常捫心自問：「自己到底擁有什麼資本？自己將來以什麼東西來謀生？一個人出生以後，到底擁有什麼？」

毫無疑問，這個人擁有的只有一輩子的時間。這是十分公平的。但是，在以後的時光裡，有人用時間去換取財富，有人用時間去換取權力，有人用時間去換取悠閒，而有人用時間卻什麼都換取不到。人生就徹底的不一樣了。

擁有財富的人，要想一想自己是否有快樂？擁有權力的人，要想一想自己是否煩惱太多？而一無所有的人，應該反思，自己何以爲生？

一位西方學者指出，工業時代裡的每個人，都活在風馳電掣的速度中，彷彿停不下來的轉輪，拼盡全力的碾壓倏忽即逝的時間。

「現代人一輩子裡的最大浪費是忙碌。」這句話，讓人深受啓發。每個人都忙，但爲什麼而忙，卻又渾然不知。「忙得要死」、「忙得要命」，被人們無意識的掛在

嘴邊，然而，好多人卻忘了忙到要死，非忙不可的原因，爲何而忙？

「停下來」成了不可得的期待，人們以爲停下來便會與世界脫軌，必須努力的擺動雙臂，成爲最出色的經理，最優秀的作家，最好的記者，最快的飛毛腿……才能闖出名堂。

可是，快速碾過的人生，除了慌亂、迷惑、孤獨、焦慮、難受之外，卻是一無所有，包括喘口氣都難。

怪不得昆德拉想問：「匆忙的樂趣在哪裡？」這也是許多人想知道的答案，人生爲何必須如此來去匆匆，老用對錯、是非、好壞、貧富來評量，毫無品質可言。

爲了更好的享受人生，趕快試著停下來吧！

爲了更好的生活，爲了高品質的生活，必須克服急躁情緒，學會更從容的面對生活。如下幾點建議可供參考：

一、下班後盡量早回家。

別以爲自己是天下最重要的人，沒這回事。你不回家，公司不一定會變好，但你一定會變得不好；你早回家，公司也不會關門，該回家時回家，是你與公司的契約，不是嗎？假如能夠清閒些，就不要把自己搞得那麼忙。只要你肯記得回家，生活便往快樂靠攏。

二、打破原有的慣性。

你不妨試著做一些與原來回家時完全不一樣的事。比如說，以前回家坐下便打開電視，現在則改成打開MP3，或者打開窗子，讓和煦的風柔柔拂人，或者登樓欣賞星羅棋布的燈火與月光皎潔的輝映。

三、放慢動作。

別急著把某一件事做完，別急著催促孩子吃飯、洗澡、睡覺，不妨讓生活依它的步調緩緩進行。你會發現，原來很多痛苦的始作俑者是自己。

爲了更好的生活，爲了高品質的生活，我們應該做到：記得回家，打破原有的慣性，放慢動作。這些都有助於減輕壓力，保持愉快的心情和維持心理的健康。

薩特說：「除了生活之外，人生將了無意義。」如果連生活都過不好，其餘還有什麼好談的？

PART 6

放棄懦弱，勇敢的去競爭

歌德說：「你若失去了財產——你只失去了一點；你若失去了榮譽——你就丟掉了許多；你若失去了勇敢——你就把一切都丟掉了。」

因此，爲了獲得理想的人生，一定要戰勝懦弱。懦弱的人只會裹足不前，莽撞的人只能引火焚身，只有真正勇敢的人才能所向披靡。在生活中，要努力培養勇敢的性格，不要向自己的恐懼退讓，也不要輕易向對手妥協。

13 要敢於按自己所期望的方式去生活

一位英國著名心理學家說，怯懦是成功的頭號敵人，超級對手。怯懦阻止人利用機會，破壞人的身體器官的功能，耗損人的精力，使人生病、短命。膽怯是一種心理氣質，它能解釋爲什麼會有經濟衰退，爲什麼有那麼多的凡人不能成功，在遭受挫折後沒有收穫，不能過上快樂的生活。

也許你總是沒有主見，在生活中喜歡隨波逐流。你對別人的依賴性很強，別人說什麼，你就附和什麼；別人做什麼，你也跟著做什麼。在你眼裡，如果沒有群體，你簡直不知道該怎樣生活。你平時總是「想別人之所想」，你所做的也只不過是別人的旨意，你不知道爲什麼要那樣做，只知道那是別人讓你做的。

怯懦是一種比較頑固的消極心理，一下子克服它比較困難，它要長久勇敢的進行自我的心性鍛煉，它需要一個人肯定自我，或是否定自我，甚至超越自我。

肯定自我的人，他會鼓起前進的勇氣，看到光明的前程；否定自我的人，他會認識自己的不足，看到努力的方向；超越自我的人，他會擺脫世俗的束縛，得到嶄新的自我。

性格懦弱、有依賴心理的人，他們遇事沒有自恃之心，首先想到別人、追隨別人、求助別人，人云亦云、亦步亦趨，不敢相信自己，不能自己決斷，不敢自己主張。

在家中依賴父母、依賴配偶；在外面依賴同事、依賴上司，不敢輕易表現自己，不敢創造自己，害怕獨立自己。

有依賴心理的人，不能獨立辦成任何事情，他仍然停留在童稚階段，無從談起操縱和把握自己的命運，他的命運只能被別人操縱。

只因爲他太軟弱無能，他的心裡只相信別人，不敢相信自己，更不敢自信勝於他人。因此，有依賴心理的人辦事四處碰壁，不被信任、不受歡迎，遭人嘲諷。

怎樣戰勝懦弱性格，培養肯定自我的心態呢？你不妨照著下面的建議去做。

一、當你在心理上感到被人操縱時，向那人說出你的感受，並說明你希望怎樣去做。

二、寫下你自己的獨立宣言，詳細說明你要怎樣處理一切關係，並不是要消除妥

協，而是要消除所有操縱。

三、自己訂下五分鐘的目標，如何去對付生活中支配你的人。

試著說「我不要」。試試看你這樣說，對方有何反應。

四、去做一些自己喜歡的工作，去主動照顧小孩，或不一定待遇很好的工作，下決心擺脫你所扮演的依賴角色。

要知道，重新拾回你的自尊與自信，花費任何金錢或時間都值得。

五、認清你有隱私的慾望，不必凡事都要別人參與。

你是獨立而且有隱私權的。若你覺得你必須凡事有別人參與，你就無所選擇，當然你就是一個依賴者。

六、提醒自己，父母、配偶、朋友、老闆、孩子及其他人，常常會不贊同你的行為，這與你是怎麼樣的人無關。

無論在任何關係中，你總會遭到一些反對，如果你有心理準備，你就不會因此感到挫折。這樣就能破除許多在情緒上操縱你的依賴關係。

七、在你感到不受威脅的時候，安排與支配你的人進行討論。

有時候你感受到被操縱並處於從屬地位，你希望用一個不出聲的訊號，讓對方知道你的感受，而你當時並不想去討論那事。例如，拉拉耳垂，摸摸鼻子，或把拇指放在嘴上之類的無聲語言，發出信號。

八、與你覺得在心理上依賴的人深入交談一次，宣佈你要獨立的目標，解釋你出於義務做事時的感受。

這是擺脫依賴心理的最佳方法。因爲別人可能不知道你身爲依賴者的感受。

你並非為別人而活著，你是屬於自己的。你完全沒有必要按別人的方式生活，你完全可以有自己的獨立空間。

14 含而不露是美德，參與競爭方能贏得機會

我們的民族曾經大力提倡和推崇過「清心寡慾」，從老子的「無爲而治」，到莊子的虛無主義，從儒教的「重義輕利」，到佛教的「四大皆空」，無不要求人們放棄追求和進取的雄心。這些東西結合到一起，構成了「清心寡慾」的深刻而又久遠的思想淵源。

當然，「清心寡慾」未必就是惡德。對於那些貪得無厭、利慾熏心的人來說，「清心寡慾」不失爲一帖有效的良藥。清心寡慾，能使想入非非者現實一些，使貪婪之徒清廉一些，使牢騷滿腹、常懷不平的人心情平靜一些。對這部分人來說，確實有必要提倡一下「清心寡慾」。

但是，對於多數人來說，卻很難說「清心寡慾」是一種美德，因爲它的本質是消極的、保守的、沒有出息的。

清心寡慾就意味著放棄追求和進取，意味著停滯、守舊和無所作爲。它只有過

去，沒有未來；只有活著的動機，沒有生活的激情。它是希望的泯滅，進取動力的乾涸和社會活力的衰竭。如果，現代青年都來「清心寡慾」，人人無遠大志向和追求，那麼，我們的民族就將是沒有希望的民族。

另一方面，中國人愛把「含而不露」看作一種美德，一個人的優點、成績和才能，只能由別人來發現。至於自己，儘管我們已做出許多成績，有淵博的知識和驚人的才華，也只能說自己「才疏學淺」。如果有誰鋒芒太露，就容易召來非議。

人們喜歡恭順謙讓者。因此，「毛遂自薦」的故事，聽起來總不如「三顧茅廬」那樣入耳。勇於表現自己才華的人，也總不如「謙謙君子」那樣受到歡迎。

任何領域的領袖人物，他們之所以能夠成爲頂尖人物，正是由於他們勇於面對風險。美國傳奇式人物、拳擊教練達馬托曾經一語道破：「英雄和懦夫都會有恐懼，但英雄和懦夫對恐懼的反應卻大相逕庭。」

如果你發現自己總也不敢勇冒風險，而是常常躲避它，下面幾點建議，也許能幫助你增強一些成功者必備的勇敢精神。

一、努力實現理想。

美國一家大印刷公司的經理會回憶起他與自己公司一位會計的一次談話，這位會計的理想是要成爲公司的審計長，或者創辦她自己的公司。雖然她連中學都沒畢業，而且又是個新移民，但她卻毫不畏懼。

但隨之而來的卻是——公司經理提醒她：「妳的會計能力是不錯，這一點我承認，但妳應該根據自己的受教育程度，把目標定得更加切合實際些。」經理的話使她大爲光火，於是，她毅然辭職追尋自己的理想去了。

後來怎樣呢？她成立了一個會計服務公司，專爲那些小公司和新移民提供服務。現在，她設在北加州的會計服務公司已發展到了五個辦事處。

其實，我們誰也不知道別人的能力限度到底有多少，尤其是在他們懷有激情和理想，並且能夠在困難和障礙面前不屈不撓時，他們的能力限度就更難預料。

二、一步一步的走下去。

一位頗有經驗的滑雪教練，帶領一群新手到陡坡上教他們滑雪。站在滑道頂端的邊緣，他們從頂端一眼望到底端，這樣難免使他們感到坡陡路險，因而產生畏難情緒。

爲了幫助這些學員克服畏難情緒，教練反覆告訴他們，不要把整個滑雪過程看成是從山頂到山下，而應將其分解開來，先想著怎樣滑到第一個拐彎處，再想著滑到第二個拐彎處。

這樣做轉移了他們的注意力，他們紛紛把注意力放在目前自己能夠做到的事情上，而不是目前做不到的事情上。他們轉了幾道彎之後，信心便增強了。無需更多的激勵，他們便能順利滑下去了。

這個方法對你同樣有幫助，剛開始做一件事時，不要把注意力放在你所面臨的全盤事務上。先瞭解一下第一步該怎樣走，而且要確保這第一步你能順利完成。這樣一步一步的走下去，你就能走到你所期望到達的光輝目標。

三、不要說「不要」。

有時，當面臨某一新情況時，人們往往會回憶過去的失敗，因而花太多的時間往壞處想。

成功學大師戴爾．卡內基曾跟一位年輕女律師談過一次話。當時，他們談論的是她不久就要出席的法庭審判。這是她當律師後第一次出庭爲人辯護，因此她感到特別的緊張不安。

卡內基問她希望給陪審團留下個什麼印象，她回答說：「我不要被人看作沒經驗、太年輕，或是太幼稚，我不要他們懷疑到我這是第一次出庭爲人辯護，我不要……」

這位女律師掉進了「不要」的陷阱裡。「不要」是一種消極的目標，「不要」會使你不想怎樣卻偏會怎樣，因爲你的大腦裡會產生一些不好的圖像，並對其做出反應。

卡內基告訴這位女律師：史丹佛大學所做的一項研究表明，大腦裡的某一圖像會像實際情況那樣刺激人的神經系統。舉例來說，當一個高爾夫球選手在告誡自己「不要把球打進水裡」時，他的大腦裡往往會浮現出「球掉進水裡」的情景，所以，你不難猜出球會落到何處。所以，在遇到令你緊張的情況時，要把注意力集中在你所希望發生的事情上。

卡內基再次詢問那位女律師，問她希望出現些什麼情況。這次她回答說：「我希望被人認爲業務精通，充滿自信。」

卡內基建議她試想一下「充滿自信」的感覺，她認爲，那意味著滿懷信心的在法庭上走動，口中使用著充滿說服力的語言，用眼睛跟證人和陪審員保持著緊密的聯繫，說話時聲音清晰宏亮，使整個法庭上的人都能聽清。

她還想像了精彩結案辯詞和己方勝訴的情景。經過這種積極的圖像設想演練幾星期之後，這位年輕的女律師最終贏了她的第一次出庭辯護。

只要避免說「不要」，而且想著如何去做好，你就會變得勇敢堅強起來。

在今天激烈競爭的年代，一味的做「謙謙君子」，卻有可能成為一大缺點。競爭就是要「競」要「爭」，就是要和別人去一較高下。

人生最強的意志力在於　絕不輕言放棄

只有放棄，才能擁有

GIVE UP TO OWN SOMETHING

PART 7

放棄脆弱，不要向困難屈服

在人生的道路上，誰都會遇到困難和挫折，就看你能不能戰勝它們。契訶夫說：「困難與折磨對於人來說，是一把打向坯料的錘，打掉的應是脆弱的鐵屑，鍛成的將是鋒利的鋼刀。」

人身處逆境時，適應環境的能力實在驚人。人可以忍受不幸，也可以戰勝不幸。因爲人有著驚人的潛力，只要立志發揮它，就一定能渡過難關！關鍵是一定要從內心放棄脆弱。

15 半途而廢會造成人生最大的遺憾

不管是工作還是生活，來自各方面的傷害或者打擊都在所難免，你要做到的是放棄脆弱，強化自信，絕不能輕易就被打垮。

德國有句諺語，叫做「無終不如無始」。這句諺語告訴我們，做任何事情，都要堅持到底，不可半途而廢。

不能堅持到終點的人，不可能達到人生的目標；不能堅持到終點的人，甚至不能取得階段性勝利。善始而不能善終的人，不足以與談成敗。

在困難面前退縮，或是在挫折面前失去信心，或是在持久戰中失去耐心，都會使一個人成爲半途而廢的人。

如果你問一個半途而廢的人，成功的喜悅如何？那他的回答只能是「不知道」。

如果你問一個半途而廢的人，失敗的滋味怎麼樣？那他的回答只能還是「不知道」。

沒有成功的風光，沒有失敗的悲壯，對於半途而廢的人來說，只有有始無終的恥辱和遺憾。

人生最大的遺憾是什麼？是失敗嗎？不是。人生最大的遺憾是：終其一生而沒有不屈不撓的奮鬥過。

人生最強的意志力在於：絕不輕言放棄。如果你從未被艱難困苦嚇倒，那麼當你走盡人生道路的那一刻，你才可以說，你問心無愧！

世界上沒有一帆風順的事，任何事業的成功，離開了艱難困苦和挫折、失敗的孕育，都是不可能的。只有那些不爲失敗所擊倒，愈挫愈奮、屢敗屢戰的人，才能最終獲得成功。

歷史上，平庸者成功和聰明人失敗一直是一件令人驚奇的事。學者仔細分析發現，出現這個現象的原因在於，那些看似愚鈍的人有一種頑強的毅力，一種在任何情況下都堅如磐石的決心，一種從不受任何誘惑、不偏離自己既定目標的能力。相反，那些聰明卻不堅定的人，往往沒有一個明確目的，四處出擊，遇到困難就躲，經常半途而廢，結果分散精力，浪費才華。

努力戰勝懦弱、培養堅強的性格是成就大事業的基礎。堅強的性格，首先表現在不怕挫折和失敗，能夠禁受數十、數百乃至成千次挫折和失敗的打擊，而能矢志不移、不屈不撓。

有的人渴望成爲強者，但卻禁受不住失敗的打擊。他們經過一陣子的奮鬥，遭到一次乃至幾次失敗後，便偃旗息鼓、罷手不幹了，因而最終只能和一事無成的弱者爲伍。

只有堅持不懈的人，才有可能取得成功。但是，堅持不懈的更深層意義，絕不僅僅限於成功。比如長跑比賽，要比賽就會有勝負。率先衝過終點的人，當然值得慶賀，但明知奪冠無望而努力不止的人，更值得尊重。

16 要有依靠自己的力量克服困難的堅強決心

一個人要想成就一番事業，就難免會遭遇各種挫折、困難和艱辛。

黑格爾說：「人格的偉大和剛強，只有藉矛盾對立的偉大和剛強才能衡量出來。」

困難只能嚇住那些性格軟弱的人。對於真正堅強的人來說，任何困難都難以迫使他就範。

相反，困難越多，對手越強，他們就奮鬥得越有勁。

有的人在一般情況下，也是不怕困難的。但若碰到太多的困難，感到「對手」太強大了，則往往被懾服。

其實，在自然界和社會歷史的限定下，人生的主宰就是人自己。失足者也好，身心障礙者也好，失戀者也好，失業者也好，只要自強不息，都可挖掘出生活的甘泉。

爲什麼多少人就是過不了困難關？因爲他們首先過不了自己這一關。他們怕自己，怕病、怕死、怕輿論，怕苦、怕累、怕吃虧，加上懶惰、急躁、拖拉、推諉等等內在的弱點，和外在的困境遙相呼應，內外夾攻，毅力豈能有不瓦解之理？

要想過好困難關，首先要過好自己這一關。拿出你的勇氣來，不怕天，不怕地，不管什麼困難，「來吧，咱們較量一番！」有了這種不怕困難的勇氣，就有了征服困難的精神力量。

在困難面前能否有迎難而上的勇氣，有賴於和困難奮戰的心理準備，也有賴於依靠自己的力量克服困難的堅強決心。

許多人在困境中之所以變得沮喪，是因爲他們原先並沒有與困難作戰的心理準備。當進展受挫、陷入困境時，便驚惶失措，或怨天尤人，或到處求援，或借酒澆愁。

這些做法只能徒然瓦解自己的意志和毅力，客觀上是幫助困難打倒自己。他們既然不打算依靠自己的力量去克服困難，一切可以征服困難的可行計劃便都被停止執行，結果，本來能夠克服的困難也變得不可克服了。

還有的人，面對很強的困難不願竭盡自己的全力，當攻不動困難時，便心安理得的尋找理由：「不是我不努力，而是困難太大了。」

這種錯誤的歸因所保護下來的，不是征服困難的勇氣和決心，而是怯弱和灰心。不言而喻，這種人永遠也找不到克服困難的方法。

真正堅強的人，不但在碰到困難時不害怕、不退縮，而且在沒有碰到困難時，還積極主動的尋找困難，這是具有更強的成就欲的人，是希望冒險的開拓者，他們更有希望獲得成功。

阿拉伯民間故事集《一千零一夜》裡，有一個勇敢的航海家辛巴達，他每次總是去尋求那種與大自然抗爭、與海盜搏鬥的驚險航行。而恰恰是這些經歷，使他應付危機的能力大大增強，使他一次次大難不死，安抵目的地。

堅強的對待失敗和魯莽的對待失敗是有區別的。有一種人面對困難，雖然具有勇氣，但只是莽撞行事，橫衝直撞，看起來很堅強，實際上不但無濟於事，有時還會導致進一步失敗，最終造成無可挽回的局面，這是不可取的。

真正堅強的人，一方面不怕困難，另一方面他們又高度重視困難，冷靜的、深刻的研究和分析困難，分析它的原因，理智的尋找征服它的途徑。這種明智的態度可以大大的提高克服困難的能力。

只要我們不怕困難，困難就會成爲磨練我們堅強性格的一塊磨刀石。困難的環境，最能磨練人的素質，增強人的才幹，對人的性格有著特殊的鍛煉價值。

對於困難我們不必害怕也不必迴避，而應以積極的態度迎難而上，在征服困難的過程中，將把我們鍛煉得更加堅強。

PART 8

放棄不良的習慣，奠定走向卓越的基礎

每個人都渴望成功，但是成功並非機緣巧合。你可曾留意過成功者與平庸者的不同？兩者的迥異之處就在於各自的生活和工作習慣。

古希臘哲學家亞里斯多德說：「優秀是一種習慣。」很大程度上，正是不同的習慣造就了不同的人生。種種習慣，或使你止步不前，或使你激流勇進。可以說，放棄不良的習慣、培養良好的習慣是從平庸走向卓越的關鍵。

17 成功人士的日常行為都是基於良好的習慣之上

一天，一位睿智的教師與他年輕的學生一起在樹林裡散步。教師突然停了下來，並仔細看著身邊的四株植物。第一株植物是一棵剛剛冒出土的幼苗；第二株植物已經算得上挺拔的小樹苗了，它的根牢牢的盤踞到了肥沃的土壤中；第三株植物已然枝葉茂盛，差不多與年輕學生一樣高大了；第四株植物是一棵巨大的橡樹，年輕學生幾乎看不到它的樹冠。

老師指著第一株植物對他的學生說：「把它拔起來。」

年輕學生用手指輕鬆的拔出了幼苗。

「現在，拔出第二株植物。」

學生聽從老師的吩咐，略加力量，便將樹苗連根拔起。

「好了，現在，拔出第三株植物。」

學生用一隻手進行了嘗試，然後改用雙手全力以赴。最後，樹木終於倒在了筋疲力盡的年輕學生的腳下。

「好的。」老教師接著說道：「去試一試那棵橡樹吧！」

年輕學生抬頭看了看眼前巨大的橡樹，想了想自己剛才拔那棵小得多的樹木時已然筋疲力盡，所以他拒絕了教師的提議，甚至沒有去做任何嘗試。

我們的習慣就像是故事中的植物一樣，幼苗很容易拔除，而隨著時間的推移，越是根深蒂固，越是難以根除。故事中的橡樹是如此巨大，就像是積久形成的習慣那樣令人生畏，讓人甚至怯於嘗試改變它。

我們周圍有很多的人，日常生活中平平淡淡，事業上也從無異峰突起，可是看到別人取得巨大成就時，往往會羨慕他們的高智商、天賦，或者認爲他們天生就具有出色的處事風格。真的是如他們所想的那樣嗎？我們不妨先看看被人稱爲高智商的瑪麗醫師的故事：

瑪麗是美國非常有名的牙科醫師，人們都認爲她具有很高的智商。事實上，瑪麗醫師並不比大家智商高。讓瑪麗取得比別人更高成就的原因就在於瑪麗養成了比別人更好的習慣：

每天早晨起床後，洗漱完畢，瑪麗都會在吃飯前坐在早餐桌旁，翻一翻有關醫療和牙科研究的雜誌。久而久之，這一習慣就發揮了作用，瑪麗醫師變得更為博學，更富經驗，也更專業。

這在一般人看來，瑪麗醫師似乎就顯得比其他醫師的智商高一些。不過，不論聰明與否，都不會妨礙瑪麗醫師比其他醫師更有能力，因為瑪麗擁有一個比別人更容易取得成功的好習慣。

千萬不要認為只有具有天賦的人才能取得成功。薩拉薩蒂是十九世紀西班牙最偉大的小提琴家，他曾被媒體稱為天才。對這種說法，薩拉薩蒂極為不滿，他說：「天才！三十七年來我每天苦練十四個小時，現在，有人叫我天才！」薩拉薩蒂自己很清楚的知道，並不是什麼天才或天賦造就一個時代最傑出的小提琴家，自己所取得的耀眼輝煌成就，所依靠的是自己勤奮刻苦的習慣——每日堅持不懈的練習。而這往往是人們所忽視的。

或許有人認為一個人具有怎樣的處事風格也是天生的，是父母遺傳的，好和不好都命中注定。不過這只說對了其中的一小半。的確，人的所有性格特徵的基礎是來自遺傳，但是，除了先天的素質之外，一個人的處事風格在很大程度上是深受環境的影響。

一位西方著名的學者指出：成功人士的日常行爲規律一般都是基於良好的習慣之上。成功的運動員、律師、醫生、企業家、音樂家、銷售員、作者等各個領域中的傑出人士，以及所有專業領域中的佼佼者，在他們的身上你都能發現這樣一個共性，那就是他們都具有良好的習慣。正是這些好習慣，幫助他們開發出更多的與生俱來的潛能，使他們在自己的人生道路上取得一個又一個的輝煌的成就。

成功人士並不見得比其他人聰明，他們卻比一般人更有教養、更有知識、更有能力；成功人士也不一定比普通人更有天賦，他們卻訓練有素、技巧純熟、準備充分。

成功人士具有比一般人更為堅定的決心和更為奮進的努力，同時他們辦起事情來也比別人更有效率、更具條理——所有的這一切，都是良好的習慣帶來的！

18 要學會靠自控力改變自己的壞習慣

高山滑雪是人與環境以及時間的競賽。每當我們看到輸贏之間只差極短的時間時，就會不禁搖頭同情那些輸家。

第一名的時間是一分三十七秒二二。

第二名的時間是一分三十七秒二五。

也就是說，冠軍與平庸之間，只差零點零三秒，連眨眼的時間都不夠。

到底冠軍與輸家之間有什麼不同呢?運氣?也許是。但也許冠軍多下了一點點功夫，多花了一點點時間。也許冠軍肯下功夫對付自己的壞習慣，直到把它從自己的行爲中戒除掉。這樣，他在高山滑雪時少用了一點點時間，而這就足以使他成功。

你是否也有一些壞習慣呢?它們是什麼?是拖拉、放縱、懶惰、邋遢、壞脾氣、缺乏毅力?還是……

只要這些不良習慣存在，你就不大可能有太大長進。

我們雖有很多弱點，但我們不是弱者。我們可以透過努力克服不良的習慣，使自己成爲一個快樂的強者！

當你看到美鈔上的華盛頓的肖像時，看著他白色卷髮映襯下那平靜、自信、顯示著自控能力的面龐時，你能想像出他年輕時曾有一頭紅髮，脾氣火爆嗎？要是他沒有學會靠自控力改變自己的壞習慣，那恐怕就無法成爲叱吒風雲、率領沒有受過訓練的民兵戰勝喬治王的軍隊，恐怕他也不會成爲美國第一任總統。

班傑明．富蘭克林大概算得上美國歷史上最有影響力的偉人，他博學多才。他是愛國者、科學家、作家、外文家、發明家、畫家、哲學家。他自修法文、西班牙文、義大利文、拉丁文，並引導美國走上獨立之路。

但是，就連富蘭克林也有不好的習慣，正如他自己清楚的那樣。與眾不同的是，他下決心千方百計改變它們。他不愧是一個發明家，他爲自己制定了一個戒除惡習的妙方。他首先列出獲得成功必不可少的十三個條件：節制、沉默、秩序、果斷、節儉、勤奮、誠懇、公正、中庸、清潔、平靜、純潔、謙遜。

在那本不朽的自傳中，他提及了使用這個妙方的方法。「我打算獲得這十三種美德，並養成習慣。爲了不致分散精力，我不指望一下子全做到，而要逐一進行，直到我能擁有全部美德爲止。」

他的祕方中，有一點借鑑了畢達哥拉斯的忠告：每個人應該每日反省。他設計了第一套成功記錄表：

「我製作了一個小冊子，每一個美德佔去一頁，畫好格子，在反省時，若發現有當天未達到的地方，就用筆作個記號。」

妙方對這位偉人起了什麼樣的作用呢？

當富蘭克林七十九歲時，寫了整整十五頁紙，特別記敘了他的這一項偉大發明，因爲他認爲自己一切成功與幸福受益於此。

富蘭克林在自傳中寫道：「我希望我的子孫後代能效仿這種方式，有所收益。」

為了追求卓越，我們也要像富蘭克林一樣，要學會靠自控力改變自己的壞習慣，不斷培養良好的習慣，為獲得理想的人生奠定堅實穩固的基礎。

19 每天在培養好的習慣上花費幾分鐘

要想獲得成功，就必須培養自己良好的習慣。良好的習慣，會促使一個人形成良好的品質，而良好的品質，又造就了一個成功的人。

俗話說：「習慣成自然。」成也習慣，敗也習慣。

有人說，播下一種心態，收穫一種思想；播下一種思想，收穫一種行爲；播下一種行爲，收穫一種習慣；播下一種習慣，收穫一種性格；播下一種性格，收穫一種命運。

好的習慣不僅能促使一個人的成功，而且能改變一個人的命運。壞的習慣不但會導致一個人的失敗，而且可能過早的扼殺一個人的生命。良好的生活習性，勤奮學習和工作，遵循人際交往規則，保持樂觀的心態，這些好習慣會使我們一生幸福。

習慣是一個人成功的資本，好的習慣使我們立於不敗之地，壞的習慣將我們從成功的航船上拉下來。常常做一件事就會成爲習慣，而習慣的力量的確大極了。但是人類也有一股不小的緩衝能力，既然有能力養成習慣，當然也有能力祛除他們認爲不好的習慣！

舉例說，一個商人有遇事保持樂觀和熱情的習慣，這對自己是有幫助的。它會使工作較順利、較容易，而且也會激勵和鼓舞他的同伴和下屬。但是，習慣性的樂觀和熱情，往往會造成危險的甚至是不堪設想的過度樂觀和過度熱情。

如果你既沒有做宏大事業的知識，又沒有經驗，而且曾經在無知中遊蕩，也曾跌進過冰冷的深淵，那麼，你該怎樣養成良好的習慣呢？

事實上，這個答案很簡單。首先要遵守的一個簡單法則就是：要養成良好的習慣，全心全力的去實行。

良好的習慣隱藏著人類本能的祕訣。當每天堅持培養良好習慣活動的時候，它們很快就會成爲精神生活的一部分。而最重要的是，它們會溜進心靈，變成奇妙的源泉，永不停止，創造財富，並使你事業的航船不斷的駛向成功的彼岸。

當培養良好習慣的話語被奇妙的心靈完全吸收的時候，每天早晨，你便開始帶著以前從來沒有過的一種活力醒過來。你的元氣將會增加，你的熱情將會升高，你事業成功的慾望，將會使你克服一切恐懼，你將會比你想像中的更快樂。良好的習慣能使我們堅定成功的信念。

我們要鄭重的對自己宣誓說，沒有東西能夠阻礙我們事業成功的信念。例如：「今天是我新生命的開始。」「我所選擇的這個行業，充滿機運，沒有悲傷。」「我像另外一批人一樣，不會失敗。因爲我的手裡握有航海圖，指示我橫越波濤洶湧的海洋，到達彼岸。過去的，只是一場夢罷了。」

「失敗不再是我奮鬥的代價。失敗是痛苦的，不適應我的生活。過去我曾接受它，那是因爲我需要痛苦；現在拒絕它，這是因爲我有了智慧和原則，指引我走出陰暗，進入富庶、幸福和超過我夢想的康莊大道。」「人要能長生不老，可以學到一切，但我不能永生。所以，在我有生之年，我必須練習忍耐的功夫。我要成爲一位成功人士。」

好的習慣可以使人立於不敗之地，壞的習慣可以使人永遠不能成功。一個人如果想要成功，必須明白習慣的力量是多麼強大，必須改變那些可能破壞成功的壞習慣，要養成對自己所追求的事業有助益的好習慣。

許多偉人以及成功人士，都因爲擁有良好的習慣，使自己增強自信，獲得機會。所以，我們應該從現在開始努力養成一個好的工作習慣，對於不好的工作習慣要及時改正，堅決摒棄。一個好的工作習慣會使我們事半功倍，使我們受益終生。

好的習慣可以在你成功之路上助你一臂之力，你必須時時警惕祛除那些可能破壞你好習慣的缺點，要趕快養成對自己所追求的事業有助益的那些習慣。

每天在這新的習慣上花費幾分鐘，對將要屬於你的那種快樂和成功來說，只是付出微小的一點代價，但已經播下成功的種子。

PART 9

放棄懶惰，用勤奮去改寫平凡的人生

千萬不要過分依靠自己的天賦。如果你有著很高的才華，勤奮會讓它綻放無限光彩；如果說你智力平庸，能力一般，勤奮可以彌補全部的不足；如果目標明確，方法得當，勤奮會讓你碩果纍纍。沒有勤奮工作，你終將一無所獲。放棄懶惰，決心透過努力奮鬥改變命運，你才能擁有燦爛的人生。

20 非凡的投入才會有非凡的成就

英國細菌學家歐立然，在研製消滅人體內的錐蟲、螺旋體病原蟲的藥物過程中，經常幾個晚上徹夜不眠，實在睏了，便用書本當枕頭，和衣躺在實驗室的長椅上稍睡片刻，然後又投入緊張的工作，最後，終於製出六氯環己烷藥物（俗稱六六六）。

美國大發明家愛迪生，在發明各種電器設備的過程中，也是經常徹夜不眠，睏了就伏在椅子的扶手上睡一下，醒了又繼續進行研究。

德國的細菌學家柯赫，在研究細菌的生命代替規律時，往往用劈柴做枕頭，日夜不停的進行緻密的科學觀察。

詩人馬雅可夫斯基在「多斯塔之窗」寫作時，夜以繼日，工作非常緊張。疲倦時，他常常用劈柴當枕頭，使自己不至於睡得過久。

正因爲這樣，他們贏得了比常人多得多的時間，做出了比常人大得多的貢獻。

牛頓指出：「非凡的投入才會有非凡的成就，這是一條永恆的真理。」

如果你對一項工作用心到了「癡迷」的程度，那麼，這個世界上就再也沒有什麼事可以阻擋你的成功。

人們常常引用蘋果落在牛頓腳前，導致他發現萬有引力定律這一例子，來說明所謂純粹偶然事件在發現中的巨大作用。

但人們卻忽視了，多年來牛頓一直在爲重力問題苦苦思索、研究這一痛苦的過程。在這一漫長的過程中，牛頓思考了該領域內的許多問題及其相互之間的聯繫。可以說，關於重力問題的一些極爲複雜深刻的問題，他都反覆思考推敲過。

蘋果落地這一常見的日常生活現象之所以爲常人所不在意，而能激起牛頓對重力問題的理解，能激起他靈感的火花並進一步做出異常深刻的解釋，很顯然，這是因爲牛頓對重力問題已有了深刻的理解的結果。

因此，成千上萬個蘋果從樹上掉下來，卻很少有人能像牛頓那樣引發出深刻的定律。

同樣，從普通煙斗裡冒出來的五光十色像肥皂泡一樣的小泡泡，這在常人眼裡就跟空氣一樣普通，當然也很少有人去研究這一現象，但正是這一現象使楊格博士創立了著名的光干擾原理，並由此發現了光衍射現象。

人們總認為偉大的發明家總是論及一些十分偉大的事件或偉大的奧祕，其實，像牛頓和楊格以及其他許多科學家，都是研究一些極普通的現象，他們的過人之處在於，能從這些人所共見的普遍現象中揭示其內在的、本質的聯繫。

所羅門說過：「智者的眼睛長在頭上，而愚者的眼睛是長在脊背上的。」

只有那些富有理解力的眼光才能穿透事物的現象，深入到事物的內在結構和本質之中去，他們才能看到差別，進行比較；抓住潛藏在表象後面的更深刻、更本質的東西。

有些人走上成功之路，的確歸功於偶然的機遇。然而就他們本身來說，他們確實具備了獲得成功機遇的才能。

許多人相信擲硬幣碰運氣，而且認為事業的成功也大都這樣。但好運氣似乎更偏愛那些努力工作的人。沒有充分的準備和大量的汗水，一個好的機會就會眼睜睜的從手邊溜走。

有許多發現和發明乍看起來純屬偶然。其實，仔細探究就會發現，這些發現和發明絕不是偶然得來的、不是什麼天才靈機一動或憑運氣得來的。

事實上，在大多數情形下，這些在常人看來純屬偶然的事件，不過是從事該項研究的人長期苦思冥想的結果。也就是說，純粹的偶然性雖以偶然事件的形式表現出來，但它其實也是在不斷實驗和思考之後所必然出現的一種形式。

為了成就一番事業，一定要學會有所為，有所不為。放棄懶惰，放棄享受思想，癡迷於事業，付出不懈的努力，才能獲得成功。

21 要肯於為理想的生活付出勞動和汗水

著名哲學家羅素指出：「真正的幸福絕不會光顧那些精神麻木、四體不勤的人們。幸福只在辛勤的勞動和晶瑩的汗水中。」

只有懶惰才會使人們精神沮喪、萬念俱灰；也只有勞動才能創造生活，給人們帶來幸福和歡樂。任何人只要勞動，就必然要耗費體力和精力，勞動也可能會使人們精疲力竭，但它絕對不會像懶惰一樣使人精神空虛、精神沮喪、萬念俱灰。

一位西方大主教認爲：「一個人的身心就像磨盤一樣，如果把麥子放進去，它會把麥子磨成麵粉，如果你不把麥子放進去，磨盤雖然也在照常運轉，卻不可能磨出麵粉來。」

那些游手好閒、不肯吃苦耐勞的人總是有各種漂亮的藉口，他們不願意好好的工作、勞動，卻常常會想出各種主意和理由來爲自己辯解。比如：「那山太難爬了！」或者：「那沒必要試——我已經試過多次了，都沒有成功，無須再試了。」

針對這種種詭辯，塞繆爾．羅米利先生曾寫信給一位年輕人說：「你這懶惰行爲，所謂沒有時間等等，都只是一種藉口，你總是用種種漂亮的藉口來爲自己辯解，我看你最根本的一條就是不肯努力，不肯下功夫。你的理論就是這樣：每一個人都會把他能做的事情做好的。如果有哪一個人沒有做好自己的事情，這表明他不勝任這件事情。你沒有寫文章表明你不能夠寫，而不是你不願意寫。你沒有這方面的愛好，證明你沒有這方面的才幹。這就是你的理論體系——一個多麼完整的理論體系啊！如果你這個理論體系能爲大眾普遍接受的話，它將會產生多大的負作用啊！」

確實，一心想擁有某種東西，卻害怕或不敢或不願意付出相應的勞動，這是懶惰和懦夫的表現。無論多麼美好的東西，人們只有付出相應的勞動和汗水，才能懂得這美好的東西是多麼來之不易，因而愈加珍惜它，人們才能從這種「擁有」中享受到快樂和幸福，這是一條萬古不變的原則。

一個無所事事的人，不管他多麼和藹可親、令人尊敬，不管他是一個多麼好的人，不管他的名聲如何響亮，他任何時候都不可能得到真正的幸福。

生活就是勞動，勞動就是生活。熱愛自己的工作、尊重勞動是保持良好品德的前提條件。只有熱愛工作、尊重勞動，才能抵禦各種卑劣思想、腐朽思想的侵蝕，才能抵抗各種低級趣味的引誘。只有熱愛勞動、盡職盡責，才能擺脫由於沉溺於自私自利之中而帶來的無數煩惱和憂愁。

有人認爲，只有躲在自己的小天地裡，兩耳不聞窗外事才能避免種種煩惱和不幸。許多人都已經這樣試過，但結果總是一樣。無論是誰，他既不可能躲避煩惱和憂愁，也不可能避開辛苦的勞動，勞動和煩惱乃是人類無法逃避的命運之神。那些盡力躲避煩惱的人，煩惱卻總是找上門來，憂愁也總是光顧他們。

有些懶惰的人總想做些輕鬆的、簡單的事情，但上天是公平的，這些「輕鬆的」、「簡單的」事情對於懶惰者而言也會變得很困難、很艱難。那些一心只爲自己著想的人，或遲或早，總會意識到上帝對他總是特別的冷酷無情。

即使從最低級、最庸俗的意義上講——即從純粹個人享樂這方面講，適當從事有益的勞動也是完全有必要的。不勞動就不應該也不能享受勞動所帶來的快樂。正如一位著名的學者所說：「適當的休息、必要的休閒這都是人人所希望的，但這一份清閒必須是透過自己的努力學習賺來的，透過自己的辛苦勞動贏來的才具有意義，才會使人享受到勞動之餘的樂趣。也只有這樣活著，我們的生活才會充滿無限的幸福。」

確實，有許多人因勞累過度而死亡；但是有更多的人因自私自利、過度縱慾和無所事事而死亡。那些因過度勞累而使自己身體垮掉的人，一般來講，這些人都沒有注意適當照顧自己的生活，沒有適當注意自己的健康。只要稍加注意，是完全可以避免的。

經常性、習慣性的從事一些有益的事業，對於我們的幸福和快樂都是十分必要的。一旦離開這種經常性的、有益於身心的勞動，人們就會百無聊賴、無精打采，就會無所事事，精神萎靡不振，進而會頭昏眼花，神經系統也會隨之紊亂，久而久之，精神就會一蹶不振，身體自然會莫名其妙的垮下來。

戰勝無聊和苦悶的最好辦法就是勤奮的工作，滿懷信心的勞動，一個人一旦參加勞動，快樂自然就會來到你的身邊，無聊和單調的感覺就會逃之夭夭。

勤奮的工作、愉快的勞動、不怕吃苦，是想成就一番事業的人必備的心態。

22 戰勝懶惰，培養甘於吃苦的精神

很多西方名言都強調了要戰勝懶惰的思想：「一個怠惰而不想轉動的人，即使遇到最寬厚的命運，也正像那個最勤奮但是手中無旋盤的陶工那樣，是不會捏燒成器的；這時即使命運在他身上怎樣不惜濃顏麗色，怎樣彩釉鑲金，他仍不免是濫坯一塊，它成不了一個盤子；不，它只不過是凹凸不一、胡揣亂捏、彎彎曲曲、歪歪扭扭、沒有規格的濫坯一塊而已！這點希望怠惰的人能夠三思。」

這啓示我們，在生活中，要努力戰勝懶惰，培養甘於吃苦的精神。如下建議可供參考：

一、把握現在。

雷巴柯夫說：「時間是個常數。但對勤奮者來說，是個變數。用『分』來計算時間的人，比用『時』來計算的人，時間多五十九倍。」

在生活中，常聽人說「時間就是金錢」。可是，若以此來衡量時間，我們會發現，昨日就像一張作廢的支票，我們對其無能爲力；而明天又像是一張借條，不可信賴。因此，唯一可以動用的現金，即是我們現在存在銀行裡的錢，也就是寶貴的今天。

因此，要想充分利用時間，以確保不浪費時間，最重要的就是把握現在。

二、不怕吃苦。

勤，總是同「苦」字聯繫在一起的。而甘於吃苦，一輩子勤奮努力，沒有一點韌性，是很難做到的。在我們勤奮的工作的時候，儘管還沒得到成功的報答，卻先已磨練了自己的意志，培養了自己的堅韌，這難道不是一種收穫嗎？

三、保持頭腦的靈活。

成功等於才能加機遇。但才能來自勤奮，機會只垂青那些頭腦靈活、準備充分、奮力追求的強者。

勤奮要和靈活思維結合起來。既要保持自己勤奮的好作風，又要研究生活中的新事物，勤於尋找成功的門路，勤於選擇一個最佳的突破口，使成功早日來臨。

「懶惰受到的懲罰不僅僅是自己的失敗，還有別人的成功。」

只想不做的人只能生產思想垃圾

成功是一座梯子　雙手插在口袋裡的人是爬不上去的

放棄拖延，立即行動是建功立業的祕訣

PART 10

有的人，每當做事厭煩的時候，就想著「明天再做」；而到了明天，他又想著「明天再做」。做什麼事情，一定要立即去做，不要拖延，不要把應該立即完成的事情拖到以後。其實，拖延正是怠惰的典型表現。

立即行動是所有成功人士共同的特質。如果你有什麼好的想法，那就立即行動吧！如果你遇到了一個好的機遇，那就立即抓住吧！爲了獲得成功，就要立即行動起來，千萬不要拖延。

23 拖拉的惡習往往會帶來很多不良的後果

辦事拖拉是不少平庸的人常見的毛病。「明日復明日，明日何其多。我生待明日，萬事成蹉跎。」要想不荒廢歲月，得到好的成績，就要克服拖拉的習慣。

拖拉者的一個最大退路，是找藉口爲自己開脫。經常聽到一些人這樣說：「要是再有一些時間，我肯定能做得更好。」而事實是，許多事情是很早就該完成的。

拖拉也有一些非主觀方面的原因。如：目標不合理、沒定期限、應承過多、時間安排過於緊湊、沒有餘地等等。

拖拉者的一個悲劇是，一方面夢想仙境中的玫瑰園出現，另一方面又忽略窗外盛開的玫瑰。昨天已成爲歷史，明天僅是幻想，現實的玫瑰就是「今天」。拖拉所浪費的正是這寶貴的「今天」。

拖拉的惡習往往會帶來很多不良的後果，它會對我們造成以下三種不良的影響：

一、問題成堆。

明日復明日，本來不過是舉手之勞的事，可是一再拖延，便成爲一個緊迫問題，在我們最緊張的時候來搶我們寶貴的時間。

二、陷入焦慮。

拖拖拉拉，自以爲船到橋頭自然直，結果，時間壓力給人帶來一個又一個的焦慮，天天在著急的情緒中生活。

三、計劃失效。

一些人表面上爲自己確立目標制定計劃，但很少去落實。這漂亮的計劃，會使人毫無作爲。

到美國首府華盛頓觀光的旅客總不免要到華盛頓紀念碑一遊。於是紀念碑遊客如織，導遊大概會告訴人們，排隊等搭電梯上紀念碑頂就要等上兩個鐘頭。但是他還會加上一句：「如果你願意爬樓梯，那麼一秒鐘也不必等。」

仔細想想，這句話說得多麼真切！不止華盛頓紀念碑如此，對於人生之旅又何嘗不是！說得更精確一點，通往人生頂峰的電梯不只是客滿而已，它已經故障了，而且永遠都修不好，每一個想要往上爬的人都必須老老實實的爬樓梯。只要我們願意爬樓梯，一次一步，那麼我們必定將到達人生的頂峰。

一定要養成立即行動的習慣，克服拖拉的毛病。

24 思想固然重要，但行動往往更重要

有人問布萊克：「你成爲一位偉大的思想家，成功的關鍵是什麼？」

「多思多想！」布萊克回答。

這人滿懷「心得」，回去躺在床上，望著天花板，一動也不動，開始多思多想。

一個月以後，布萊克在回家的路上，碰見了那人的妻子，她對布萊克說：「求你去見我丈夫一面吧！他從你那兒回來後，就像中了魔一樣。」

布萊克到了那人的家一看，只見那人變得骨瘦如柴，拚命掙扎著爬起，對布萊克說：「我每天除了吃飯，一直在思考，你看我離偉大的思想家還有多遠？」

「你整天只想不做，那你思考了些什麼呢？」布萊克問。

那人道：「想的東西太多，頭腦裡都裝不下了。」

「我看你除了腦袋上長滿頭髮，收穫的全是垃圾。」

「垃圾？」

「只想不做的人只能生產思想垃圾。成功是一座梯子，雙手插在口袋裡的人是爬不上去的。」布萊克答道。

這不禁使我們聯想起這樣一個故事：

從前，有一位滿腦子都是智慧的教授與一位文盲相鄰而居。儘管兩人地位懸殊，知識水準、性格有天壤之別，可是兩人有一個共同的目標：盡快富裕起來。

每天，教授翹著二郎腿大談特談他的致富經，文盲在旁虔誠的聽著，他非常欽佩教授的學識與智慧，並且開始依著教授的致富設想去實現。

若干年後，文盲成了一位百萬富翁，而教授還在空談他的致富理論。

思想固然重要，但行動往往更重要。

我們的基本本性是主動行動而不是消極等待。這一本性不僅能使我們選擇對某種特定環境的反應，而且能使我們創造環境。

許多人等待著事情發生，或等待著別人照顧他們。但那些最終獲得好職位的人都是那些解決了問題而不是爲問題所困住的主動型的人，這些人按照正確的原則掌握主動，做了需要做的事件，完成了工作。

那些發揮主動性的人和那些不發揮主動性的人有著天壤之別。這裡指的不是效力上的百分之二十五到百分之五十的差別，而是百分之五百以上的差別。如果那些發揮主動性的人是聰明、有見地和反應敏銳的人，就更是這樣了。

採取主動並不意味著緊催硬逼、令人生厭或尋釁好鬥。它的真正涵義是承認我們有責任使事情發生。

25 想要完成的事，要從現在開始做起

歌德說：「把握住現在的瞬間，把你想要完成的事物或理想，從現在開始做起。只有勇敢的人身上才會賦有天才、能力和魅力。因此，只要做下去就好，在做的歷程當中，你的心態就會越來越成熟。不久之後，你的工作就可以順利完成了。」

有些人在要開始工作時會產生不高興的情緒，如果能把不高興的心情壓抑下來，心態就會愈來愈成熟。而當情況好轉時，就會認真的去做。這時候，就已經沒有什麼好怕的了，而工作完成的日子也就會愈來愈近。總之一句話，必須現在就開始去工作。

凡事都留待明天處理的態度就是拖延，這不但是阻礙進步的惡習，也會加深生活的壓力。對某些人而言，拖延是一種心病，它使人生充滿了挫折、不滿與失落感。

所以，從現在起就下定決心、洗心革面。拿支筆來，將底下對你最有用的建議畫條線，並且把這些建議寫到另一張紙上，再將它放在你觸目可及的地方，這樣可有助

你完成改革行動。

一、列出你立即可做的事。

從最簡單、用很少的時間就可完成的事開始，列出你可以馬上著手去做的事。

二、持續五分鐘的熱度。

要求自己針對已經拖延的事項不間斷的做五分鐘：把鬧鐘設定每五分鐘響一次；然後，著手利用這五分鐘；時間到時，停下來休息一下。休息時，可以做個深呼吸，喝口咖啡。之後，欣賞一下自己這五分鐘的成績。接下來重複這個過程，直到你不需要鬧鐘爲止。

三、運用切香腸的技巧。

所謂切香腸的技巧，就是不要一次吃完整條香腸，最好是把它切成小片，小口小口的慢慢品嚐。

同樣的道理也可以適用在你的工作上：先把工作分成幾個小部分，分別詳列在紙上，然後把每一部分再細分爲幾個步驟，使得每一個步驟都可在一個工作日之內完成。

每次開始一個新的步驟時，不到完成，絕不離開工作區域。如果一定要中斷的話，最好是在工作告一個段落時，使得工作容易銜接。

不論你是完成一個步驟，或暫時中斷工作，記住要為已完成的工作給自己一些獎勵。

四、把工作的情況告訴別人。

讓關心這份工作的人知道你的進度和預定完成的期限。注意「預定」這個詞彙，你要避免用類似「打算」、「希望」和「應該」等字眼來說明你的進度。這些字眼表示，就算你失敗了，也不要別人為你沮喪。告訴別人的同時，除了會讓你更能感受到期限的壓力外，還能讓你有聽聽別人看法的機會。

五、在行事曆上記下所有的工作日期。

把開始日期、預定完成日期，還有其間各階段的完成期限記下來。不要忘了切香腸的原則：分成小步驟來完成。一方面能減輕壓力，另一方面還能保留推動你前進的適當壓力。

六、保持清醒。

有拖延惡習的人總是覺得疲倦不堪。你以為閒著沒事會很輕鬆嗎？其實，這是相當累人的一種折磨。不論他們每天多麼努力的決定重新開始，也不管他們用多少方法來逃避責任，該做的事，還是得做，壓力不會無故消失。事實上，隨著完成期限的迫近，壓力反而與日俱增。

奇怪的是，這些經常喊累的拖延者，卻可以在健身房、酒吧或購物中心流連數個小時而毫無倦意。但是，看看他們上班的模樣！你是否常聽他們說：「天啊！真希望明天不用上班。」帶著這樣的念頭去健身房、酒吧、購物中心之後，只會讓工作壓力越來越大。

要克服因拖延而帶來的疲累感，不妨試著從工作中尋找努力的意義，或是尋求某個你信服的價值觀或做事方法，如果必要的話，想想工作完成後的成就感。

人有一種惰性

就是對各種變化有一種本能的抵制

放棄僵化思想，嘗試靈活的解決問題

PART 11

優秀的軍事家指出，軍事計謀是一種極爲普通的創造形式，它每次都要求新的和不尋常的東西。任何戰術都只適用於一定的歷史階段，如果武器改進了，技術有了新的進步，那麼軍事組織的形式、軍隊指揮的方法也會隨著改變。

在日常生活中，又何嘗不是如此呢？如果不放棄僵化思想，被習慣思路和主觀偏見所束縛，把以往取得的認識凝固化，墨守成規，不能結合不斷變化著的實際，探索解決新問題的答案，就會淪爲落伍者，被時代遠遠拋在後面。

26 敢於放棄先前的經驗，努力走出慣性思維

在生活中，你有沒有發現過一些人們默默因循的、莫名其妙的、貌似神聖不可侵犯的規章制度，其實已經沒有遵守的必要了？許多規則都是限於當時的歷史條件而制定的，你在套用某些規則的時候，也要考慮現在的客觀條件，否則，就會處處受限。

從前有一個滄州人叫劉羽沖，他性情孤僻，好讀古書，愛講過去的章法，但卻泥古不化，不知變通。

他偶然弄到一本古代兵書，研讀之後，自稱能帶十萬兵。恰好當時有土匪，他自己練兵和土匪較量，結果大敗，他自己也差一點兒被活捉了去。

後來，他又弄到一本古代講水利的書，鑽研了有一年時間，自吹可以使千里之地成爲沃土，還畫了圖，遊說州官。州官也好事，就叫他在一個村子裡試驗。剛挖好了溝渠，洪水就來了，順著溝渠灌進來，一場大水，使村子遭受了巨大的損失。

從此，他便抑鬱想不開，常常在庭院中獨自踱步，搖頭自語道：「古人能欺騙

我？」每天叨咕千百遍，只有這六個字，不久便憂鬱而死。

沉溺於古代的人很愚蠢，怎麼能愚蠢到這個地步呢？因此古人說，滿肚子都是書本知識能敗事，肚裡一點知識也沒有同樣能敗事。下棋高手不放棄舊棋譜，但不照搬舊譜；名醫不迷信古方，但不離古方。

古時的妙法不能照搬到當今，此地的高招不能照搬到彼地。後世接受前人的經驗，貴在活用上，但是這個活用，又要恰到好處。

刻板的接受前人經驗的人，常常會陷入慣性思維。

各式各樣的原因都會導致慣性思維。

慣性思維可能源於一個很差勁的想法，一開始你就不應該著手進行這件事。

慣性思維可能是差強人意的計劃的最終結果。因爲某種原因，你和周邊的世界脫節了。你可能擁用最具頭腦震撼力的想法和最棒的眼力，但如果世界還不能接受的話，你也只能年復一年的在原地守候。

運氣不好和環境總是和你作對，也是慣性思維的原因。

這些原因不勝枚舉。慣性思維也是堅持嘗試和試驗某些方法的結果，而並沒有考慮到你自己或這個世界已經發生了怎樣的變化。

這就好像直到現在的每天早上，你母親都爲你準備你小時候喜歡吃的早餐一樣。當你剛吃了一半就把早餐推到一邊時，母親就會責備你說：「你不是一直都喜歡吃水煮蛋的嗎？」但那是從前的愛好，現在已經變了。

又比如，某個家庭每年都有一次雷同的夏日度假計劃，甚至在孩子已經長大成人，並且培養起了自己其他的愛好時，也照舊因循往例。這就是度假的慣性思維。

堅持傳統有很多理由，但檢討傳統也有很多理由。如果本次旅行使一些原來感興趣的人厭煩了，那麼，這就是在對家長提出警告，應該去設計出一個嶄新的假日——或者讓孩子們獨自待在家裡。

如果同樣的方法不奏效時，「我們已經這樣做過了」，如此這般並不充分的理由，不能讓它繼續下去。

當另外一個靈巧的習慣或儀式失去了它的潛力，而你卻堅持繼續時，你就是在慣性思維。只有從慣性思維中走出來，才能擁有精彩的人生。

27 充分發揮創造力，樹立創新意識

怎樣才能較快培養自己的創造性思考能力呢？要想充分發揮創造力，樹立創新意識，必須克服以下幾種常見的障礙。

一、衝破習慣或常規的束縛。

在日常生活中，那些曾經在現實中被證明是有效的方法和對策，可能成爲一種習慣，或稱常規，我們對許多事情的處理都是由這種習慣或常規來決定的。因而，在企業和機關裡，許多日常工作都有一定的慣例程序，但這種按慣例行事的做法不一定都能取得最好的效果。

這種單憑習慣或先例來決定思考和行動的方式，往往忽略了隱藏著的創造契機，它對創造力的發揮是不利的。我們應該凡事多問問：「爲什麼要這麼做？」「如果沒有這一部分，全局將會怎樣？」只有追根究底，才能找出改進的途徑。

二、把批判力和創造力統一起來。

一般人認為，批判力和創造力就像油和水不能相混一樣，也是難以妥協的。實際上，在創造活動中，這二者正是重要的合作夥伴。

在日常的生活中，人們會遇到許多創造的機遇，但能否做出創造，這不僅與環境有關，更重要的是與人自身因素有關，與是否正確的處理這「批判力」和「創造力」的關係有關。

批判力一般是否定性的，而創造力則是一種由希望和熱情、勇氣和自信心組成的向上的心理狀態，是肯定性的。如果創造力在你的頭腦裡佔據了主導地位，你的腦子一定會變得靈活起來。反之，如果老是用否定的眼光來看待事物，對任何事物都不滿意，那就必然會妨礙創造力的發揮。

二者看似水火不相容，其實是必須統一的。批判和判斷只以眼前的事實作為依據，它們更多的是傾向於保守的維持現狀，而不是傾向於前進。而創造力的目標則是未知的事物，開動想像的機器，並努力把不可能的事物轉變為可能的。

三、穿透表面現象。

由於經驗的積累，人們對於某些事情往往自以爲「見微知著」，這就會帶來一種弊病——單憑表面來判斷一切，不進行更深一步的思考。

例如，鮑波在公司裡工作勤懇，每天大家都下班了，他還在處理一些沒有辦完的工作，就連週末假日也不例外，很多人都感到他的工作熱情很高，這種人理所當然的常常受到讚揚。

可是，如果從工作效率或具體的工作方法上來看，那他就不值得表揚，因爲唯有他一人每天要來加班，如果不是自身就是工作中有什麼毛病。

只有全面的看待事務，透過現象看本質，才能正確的瞭解情況，準確的收集信息，給發揮創造力創造條件。

四、積極思考才能解決問題。

西方有句古諺說：「百分之五的人主動思考，百分之五的人自認在思考，百分之五的人被迫進行思考，而其餘的人一生都討厭思考。」這話未必正確，卻在一定程度上說明了人們有迴避思考的傾向。

人有一種惰性，就是對各種變化有一種本能的抵制。人們老是說：「這是不可能的。」「那是不現實的。」總愛把現實存在當作最合理的狀態，把創造力未能充分發揮也看作是正常現象。一旦有人要對現狀提出挑戰，便會受到各種非難，甚至被看作「空想家」、「怪癖」等等。只有積極思考，才能充分發揮創造力，進而有效解決問題。

五、主動培養創造意識。

創造力絕非像神話中所描繪的那樣會在某天早上突然降臨到你的身上。創造力是靠充沛的創造慾望和強烈的創造動機來驅動的，大量的觀察和研究證明了這一點。創造動機不足的人，無論怎樣激動，都不會有什麼大的成果。創造力是個人內在的素質，必須靠自己去培養。而動機意識薄弱，正是創造力埋沒和退化的主要原因。

松下電器公司的創始人松下幸之助和本田技術研究所的本田宗一郎，以及提出噴氣發動機設想的懷特等人，他們就是不甘於滿足現狀，執意進行改革，正是由於這種執著的信念導致了他們的成功。

六、超越消極情緒。

如同人的思考能力一樣，情緒也是人的一種天性。這種天性常常會阻礙創造力。情緒性障礙會使你的頭腦簡單化，擾亂你的創造性思考，容易鑽進牛角尖。

此外，怕失敗、怕被嘲笑、怕被批評被孤立的恐懼心情，都會使你的創造力受到壓抑。

七、保持好奇心。

在日常生活中，許多人總是認爲一切都平淡無奇，沒有什麼值得特別注意的。這種人即使接受新的情報信息，也往往會忽略過去。

而另一種的反應就大不一樣，他們對於事物總抱有一種新鮮感，哪怕是細枝末節的小問題，也不放過，總想多知道一些東西。這就是好奇心強的表現，就像砂粒刺激了河蚌產生了珍珠一樣，好奇心激發發明家的創造慾望。

古往今來的無數事實表明，只有那些具有孩童般好奇心的人，如饑似渴的追求新知的人，才可能做出發明創造。

八、活用書本知識。

有著較高的文化知識，並不一定就能解決問題。當然，如果是應付考試，那是很有用的，但考試只能測定你學習的程度，與創造力是大不相同的。

在實際工作中，有些問題光憑知識是無法解決的。當然，也許你曾受過從事某項工作的業務訓練，或有一本關於從事某項工作的手冊之類的東西。但你仍無法從中得到有關創造性工作的訓練。

所以，切不可拘泥於書本知識。更重要的是，要鍛煉自己靈活運用所學的知識來解決實際問題的能力。

創造力是人類智慧的重要組成部分，放棄僵化思想，充分發揮人的這一天賦能力，是進行創造性工作的必要條件。

放棄保守思想，必要時適當的冒險

PART 12

競爭優勢的祕訣是創新，對於公司是如此，對於個人也是如此。對於創新來說，方法就是新的世界，最重要的不是知識，而是思路。要想獲得新思路，就要放棄過於重視傳統的經驗、本能的排斥新生事物的保守思想。記住：穩健不是保守，創新不是隨便冒險。

28 要過好日子就要冒險，不能總是按牌理出牌

每個人都希望能抓住一個機會，使自己生活得更好，不管改變的是生活形態、我們的性格或是人際關係。要過日子就要冒險。如果我們從不冒險一試，那我們一生也不過隨波逐流，隨時會有大浪頭來把我們給打下去。

而且，對許多人來說，平平順順的生活簡直乏味得難受。偶爾不按牌理出牌，正可爲生活增添新意。

人生每個層面多少都帶著一點兒冒險：健康、人際關係、生意、謀職等都是。冒險並不是做了什麼天大的抉擇，而是咬緊牙關，不管多麼困難，一心要有贏的決心。生活的趣味也緣自於此。

從另一個角度來說，每個人的每一天都面臨著冒險，除非我們永遠扎根在一個點上原地不動。的確，當冒險的結果不太令人滿意的時候，人們常常會說：「還是躺在床上保險。」

有很多人似乎都習慣於「躺在床上」過一輩子，因爲他們從來不願去冒險，不管是在生活中，還是在事業上。

但是，當我們橫越馬路的時候，實際上總是有著被車撞倒的危險；當我們在海裡游泳的時候，也同樣有著被捲入逆流或遭遇風浪的危險。儘管統計數字表明坐飛機比乘汽車要安全一些，但我們的每一次飛行仍然包含著冒險。畢竟我們必須依賴於飛機牢固的構造及其良好的性能；如果不是由自己駕駛的話，我們還必須寄希望於飛行員和整個機組。

總之，任何地方的旅行都潛藏著冒險，小到丟失自己的行李，大到作爲人質，被劫持到世界的某個遙遠角落。

自有文字記載以來，冒險總是和人類緊緊相聯。雖然火山噴發時所產生的大量火山灰掩埋了整個村鎮，雖然肆虐的洪水沖走了房屋和財產，但人們仍然願意回去繼續生活，重建家園。颶風、地震、颱風、龍捲風、土石流以及其他所有的自然災害，都無法阻止人類一次又一次勇敢的面對可能重現的危險。

有一句老話叫做「一個人不懂得悲傷，就不可能懂得歡樂」。同樣，我們也可以說「沒有冒險的生活是毫無意義的生活」。事實上，我們總是處在這樣那樣的冒險境地，因爲我們別無選擇。

我們必須要橫越馬路才能走到另一邊去；我們也必須依靠汽車、飛機或輪船之類的交通工具，才能從一個地方到達另一個地方。

但是，這並不意味著所有的冒險都毫無區別，恰當的冒險與愚蠢的冒險有著明顯的不同。

如果我們想放棄保守思想而不「逾矩」，如果我們渴望成功，就應該分清這兩種類型的冒險之間到底有什麼樣的差異。一位成功的推銷員指出：「舉例來說，那種只在腰間繫一根橡皮繩，就從大橋或高樓上縱身跳下的做法，是一種愚蠢的冒險，即使有人很喜歡那樣做。同樣，所謂的特技跳傘，所謂的鑽進圓木桶漂流尼亞加拉大瀑布，所謂的駕駛摩托車飛越並排停放的許多輛汽車，在我看來，它們都是愚蠢的冒險。只有那些魯莽的人，才會做這種事情。儘管我知道有人不同意我的看法（包括雜技團表演走鋼絲或蕩高空鞦韆的藝術家們）。」

那麼，什麼是恰當的冒險呢？比如，職員走進老闆的辦公室，要求增加薪水，這就是一種恰當的冒險。他可能會得到加薪，也可能不會，但「沒有冒險，就沒有收穫」。

一個人放棄高薪，轉做一份收入較低的工作（因爲後者有更加光明的發展前景）也是一種恰當的冒險。他也許能找到這樣的新工作，也許找不到；他也許後悔離開了原來的位置。但是如果他安於現狀，不敢於冒險，他永遠也不會知道是否可以有一個更好的明天。

無論在事業或生活的任何方面，我們都可能需要嘗試恰當的冒險。當然，在冒險之前，我們必須清楚的認識那是一種什麼樣的冒險，必須認真權衡得失——時間、金錢、精力以及其他犧牲或讓步。

記住，我們崇尚的冒險不是蠻幹，而是恰當的冒險。

29 移除心理障礙，培養冒險精神

為了追求更有意義的生活，我們應該盡我們自己最大的努力去移除害怕冒險的心理障礙。

那麼，怎樣移除害怕冒險的心理障礙，培養敢於冒險的精神呢？

一、積極嘗試新事物。

在生活中，由無聊、重複、單調而產生的寂寞會逐漸腐蝕人的心靈。相反，有意識的消除一些單調的常規因素，倒會使我們避免精神崩潰。積極嘗試新事物，能使一蹶不振、灰心失望的人重新恢復生活的勇氣，重新把握住生活的主動權。

二、嘗試做一些自己不喜歡做的事。

屈從於他人意願和一些刻板的清規戒律，已成為思想保守者的習慣，以至於使他們誤以為自己生來就喜歡某些東西，而不喜歡另一些東西。應該認識到，我們之所以每天都在重複自己，是由於我們的懦弱和沒有主見才養成的惡習。如果我們嘗試做一些自己原來不喜歡做的事，就會品嚐到一種全新的樂趣，因而慢慢從老習慣中擺脫出來。

三、不要總是定計劃。

缺乏自信的人相應的缺乏安全感，凡事希望穩妥保險。然而，人的一生是根本無法定出所謂清晰的計劃的，其中有許多偶然的因素在發生作用。有條有理並不能給人帶來幸福，生活的火花往往是在偶然的機遇和奇特的直觀感覺中迸發出來的。只有欣賞並努力捕捉這些轉瞬即逝的火花，生活才會變得生氣勃勃，富有活力。

四、要試著去冒一些風險。

冒險是人類生活的基本內容之一。沒有冒險精神，體會不到冒險本身對生活的意義，就享受不到成功的樂趣，也就無法培養和提高人的自信心。自信在本質上是成功的積累。因此，瞻前顧後、驚慌失措、避免冒險無疑會使我們的自信喪失殆盡，更不用指望幸福快樂會慷慨降臨。

所謂的冒險，並不僅僅是指征服自然，跨入未知的土地、海洋及宇宙。在人類社會，我們會和種種不合理的習慣勢力、陳規陋習狹路相逢。如果我們堅持按照自己的意見行事，那麼，我們就在很大程度上冒了風險。甚至我們想要小小改變一下自己的生活方式，同樣也在冒險之列。關鍵是看我們是否敢於試一試，是否能夠把自己的想法貫徹到底。

假如生活中未知的領域能夠引起我們的激情，並使我們做好「試一試」的心理準備；假如人生真的如同一場牌局，而我們又能夠堅持把牌洗下去，不是中途退場的話，那麼，每克服一個困難，我們就增添了一分自信。

五、不要低估自己的潛力。

很多人自詡有自知之明，但是，他們所「知」的不少東西其實並非真知，而只是一些謬誤，是限制自己手腳的框框。這種信條，乃是限制自我發揮走向成功的最大障礙，也限制了他們與環境的對抗。

我們要去增強自己和他人的信心，還要從生活的各個方面深化我們的整體感和大局觀，並加強判斷力，以使自己始終處於正確的前進方向上。

PART 13

放棄隨波逐流的想法，追逐人生的理想

邱吉爾有一句名言：「寧肯孑然而自豪的獨守信念，也不能不辨是非的隨波逐流！」

人們都喜歡說隨緣。然而，隨緣不是得過且過，因循苟且，而是盡人事聽天命。一個人所抱持的人生態度，可以是與世無爭，可以是清心寡慾，可以是隨遇而安，但是不可以沒有立身行事的準則，不可以沒有理想，不可以隨波逐流。

30 要成為傑出的人就不能隨波逐流

生活在現代社會，做一個隨波逐流的人，要比依照自己的鼓聲節奏前進的人容易得多。一個人要做到無論何時都能夠把握住自我，不管大家現在都做些什麼，也不管目前正好流行什麼，是需要相當的自信與獨立的。

愛默生有這樣一句名言：「要成為一個頂天立地的男子漢，就必須不隨波逐流。」

在你攀登頂峰的路上，你不要拒絕別人的幫助，但要記住長遠來看，你依然是自己那艘船的船長，掌舵的是你，而這艘船是駛向你要去的地方——你必須是發號施令的人。畢竟，你未必喜歡他人的目的地。

在追逐你的人生理想的時候，你必須信任你的直覺，感覺什麼是對的，什麼是錯的。當初哥倫布船上的船員都力促他返航，但他不為所動，繼續他的航程。你必須學著培養「獨立自主」的能力。它與自信非常相似，但卻不全然相同；它與狂熱也相近，而狂熱正是獨立自主的持續動力。

在你一路攀向頂峰時，很多時候當你環顧四周，會發現自己竟然是如此的孤獨，就像蘇軾所說的「高處不勝寒」。你可能突然想到：「我要依靠誰？我要與誰同行？誰會領著我走過艱辛的一程又一程？」

答案只能是：「你自己。」現在你一個人正步履蹣跚的朝著目標前進，而你所依恃的正是那份獨立自主的能力。即使你發現自己是如此的孤獨，如此的與眾不同，你仍然應該爲所當爲。

別人可能會要你向大家看齊。但想想看，如果大家都像是一個模子裡刻出來的，那麼，這個世界會是多麼單調乏味啊！畢竟，在這個世界上，沒有兩個人的指紋是相同的，也沒有哪兩個人的聲波是相同的，就連雪花也片片不同。

你所要遵守的規則就是：當你獨自在事業以及生活的領域裡站穩腳跟時，要確定你不會阻礙別人擁有相同的權利。讓他們也保有他們的立足點，同時如果有必要，要讓他們協助你保有你自己的立足點。

正如一位哲人所說的：「除了你自己之外，絕對沒有一個人對你的命運握有最後的決定權。」

你敬重父母、朋友，但是你最親密的友人是你自己。你要先和自己做朋友，要先敬重自己；在博得別人好感之前，先獲得自己好感，你擁有的最大財富，是你對自我能力的評價和對未來的規劃。不管是誰，都不能把它奪走。假如有人這樣做，那是他固執己見，想要讓你過他的生活，而非你自己的生活。

當然，你可以聆聽父母、朋友的忠告，可是在最後關頭，要自己決定想做什麼。只要你想做的，是在自己能力、知識範圍之內，只要你想做的不會損害他人，那麼，積極的向你的目標邁進，不要讓任何人使你在航程中轉向；因爲你必須認準你的目標，你必須到達你的目的地。

你的目標和父母、朋友的目標是不相同的，你必須要做你覺得非做不可的事，那是你應該行使的權力。換句話說，要讓自信幫助你而非反對你。要選擇自己的事業，因爲你相信它的發展。千萬不要選擇適應別人的事業，那是失敗和苦惱的開端。尊重他人堅守的原則，也就是尊重自己堅守的原則：你，才是自己命運的主宰。

你要不斷努力去做你認為是對的事，那些你在內心裡相信應該去做的事。

31 在生活中一定要努力去實現自我

「走自己的路，讓人們去說吧！」我們對但丁的這句名言並不陌生。可是，我們在生活中是否能信奉它，實踐它呢？

哲學家蘇格拉底曾被人貶爲「讓青年墮落的腐敗者」。

美國職業足球教練文斯．倫巴迪當年曾被批評「對足球只懂皮毛，缺乏鬥志」。

貝多芬學拉小提琴時，技術並不高明，他寧可拉他自己作的曲子，也不肯做技巧上的改善，他的老師說他絕不是個當作曲家的料。

發表《進化論》的達爾文，當年決定放棄行醫時，遭到父親的斥責：「你放著正經事不做，整天只管打獵、捕捉動物。」另外，達爾文在自傳上透露：「小時候，所有的老師和長輩都認爲我資質平庸，我與聰明是沾不上邊的。」

愛因斯坦四歲才會說話，七歲才會認字。老師給他的評語是：「反應遲鈍，不合群，滿腦袋不切實際的幻想。」他曾遭到退學的命運。

牛頓在小學的成績一團糟，曾被老師和同學稱爲「呆子」。

羅丹的父親曾怨歎自己有個白癡兒子，在眾人眼中，他曾是個前途無「亮」的學生，藝術學院考了三次還考不進去。他的叔叔曾絕望的說：「孺子不可教也。」

如果這些人不是「走自己的路」，而是被別人的評論所左右，怎麼能取得舉世矚目的成績？

人生的成功自然包含有功成名就的意思，但是，這並不意味著你只有做出了舉世無雙的事業，才算得上成功。世界上永遠沒有絕對的第一。看過馬拉度納踢球的人，還想一身臭汗的在足球隊裡混嗎？聽過帕華洛帝唱歌的人，還想修練美聲唱法嗎？其實，如果總是擔心自己比不上別人，只想功成名就，那麼世界上也就沒有帕華洛帝、馬拉度納這類人了。

一位著名的作家說得好：「有大狗，也有小狗。小狗不該因爲大狗的存在而心慌意亂。所有的狗都應當叫，就讓牠們各自用自己的聲音叫好了。」

實際上，追求一種充實有益的生活，其本質並不是競爭性的，並不是把奪取第一看得高於一切，它只是個人對自我發展、自我完善和美好幸福的生活的追求。

那些每天一早來到公園練劍、練健美操、跳土風舞的人，那些只要有空就練習書法繪畫、設計剪裁服裝和唱戲奏樂的人，根本不在意別人對他們姿態和成果品頭論足，也不會因沒人叫好或有人挑剔，就停止練習、情緒消沉。他們的主要目的不在於當眾展示、參賽獲獎，而是自得其樂，滿足自己對生活美和藝術美的渴求。

真正成功的人生，不在於成就的大小，而在於你是否努力的去實現自我，喊出屬於自己的聲音，走出屬於自己的道路。

每天都有進步

正是成功人士之所以取得傑出成就的最大祕訣

只有放棄，才能擁有

GIVE UP TO OWN SOMETHING

放棄浮躁，腳踏實地去努力

PART 14

現實生活中的很多人，想追求成功，卻不願意一點一滴的積累，不屑於去做小事，一味祈求投機性的暴發機會。目光短淺，急功近利，這是一種浮躁；對未來，既無把握，也無所求，「今朝有酒今朝醉」，是另一種浮躁。

正如托爾斯泰所說：「人生不是享樂，而是一樁十分沉重的工作。」一個人有了求踏實、戒浮躁的作風，才會事有所成，學有所獲。所有堅韌不拔的努力遲早都會取得報酬的。

32 在喧囂而躁動的世界裡也不能有投機心理

人要在滾滾紅塵裡、橫流物慾中、功名利祿下、美色誘惑前，保有平常心態、超然情懷、視若無物，才能靜下心來做事。

一般的人耐不住寂寞，耐得寂寞的則不是一般的人。古往今來的智者、賢者、成功者，莫不是耐得寂寞、安於平靜的。

著名醫學家李時珍耐得二十七年的寂寞，寫下了醫學巨著《本草綱目》；司馬遷在屈辱中耐得寂寞，終有紀傳體史學的奠基之作《史記》問世；文學巨匠列夫．托爾斯泰為了能靜心完成巨著《復活》，吩咐僕人對外宣佈他已死亡；大陸作家蘇童成名之後，上門的採訪者、崇拜者絡繹不絕，各種筆會、研討會邀請如同雪片般飛來，蘇童卻很冷靜的表示門外的繁華與自己無關；西元二〇〇二年度諾貝爾文學獎得主匈牙利作家凱爾泰斯，一向拒絕採訪，不出席各種會議，以至幾種版本的《世界文化名人辭典》都查不到他的名字。

在喧囂而躁動的世界裡，一般人是很難耐得住寂寞的，因爲滾滾紅塵中有太多的誘惑，殘酷現實中又有太多的羈絆，因此使得人們的心飽受世事的碾壓。但是，要想成就一番事業又必須得耐得住寂寞，十年寒窗、十年面壁、十年磨一劍……寂寞是鍛煉人的意志的一種方法，也是孕育成功的一個環境。

一位著名的學者說：「我們有許多研究學術的，從事創作的，吃虧在不能耐得寂寞、總是怕別人忘記了他。由於耐不得寂寞，就不能深入的做學問，就難有所成。」前蘇聯作家法捷耶夫就是這樣，雖然在二十九歲就登上蘇聯文壇，並憑藉《青年近衛軍》一書而當上了蘇聯作家協會主席。但是，自此以後，因爲他忙著出訪、開會、作報告，就再也沒有寫出過一篇小說。

「十年寒窗無人問，一舉成名天下知。」這句俗話從一個側面表現了寂寞與成功的關係。名人之所以出名，那是因爲他們能夠在無人問津的寂寞中堅持做事情。

「聖人韜光，賢人遁世。」要想成才、成功、成大氣候，除本身的天資、才能、毅力、識見等因素外，甘於淡泊，耐得寂寞也是不可或缺的重要條件。因爲人生短暫，時間和精力有限，如果不甘於寂寞，沉溺於花花世界之中，就不可能有足夠的時間和精力用於專業，就難於在學業或事業上有所成就。

明朝的文徵明自小並不聰明，字也寫得不好，但因爲耐得寂寞、學習刻苦，最終躋身吳中四才子之列。當同學們或飲酒閒聊、嘯歌相樂，或品茗對弈、消磨時光的時候，只有文徵明不湊熱鬧，獨自在一旁讀書寫字。他每天臨寫《千字文》，要足足完成十大本才罷休。皇天不負有心人，幾年後，文徵明的書法就遠近聞名，購求他的書畫者踏破門檻。

我們每個人都是肉眼凡胎，都要食人間煙火，不可能「跳出三界外，不在五行中」。但我們應該在外在世界和內心世界二者之間，找到一個平衡點。有了這種平衡點，我們就會少一些浮躁，多一些安靜，就不會被宴請、聚會、考察、報告、旅遊這些熱鬧的場面所包圍了，就不會被撲克、麻將、彩券這些誘惑迷了心竅。面對功利、奢華、喧囂，保持平和與淡定的心境，這才是做事應有的心態。

現實生活中，人人都有夢想，都渴望成功，都想找到一條成功的捷徑。其實，聰明人都知道，捷徑就在你的身邊，那就是勤於積累，腳踏實地，不要投機取巧。

33 每天都要努力，每天都要有進步

一個人要追求成功，他取得一點成功並不重要，重要的是每天都要有進步，哪怕只是進步一點點。

一位哲人說過：「人生就是一部記錄片，你無時無刻都在這裡拍攝著自己生命的影片。」

在將來的某一天你將會走進天堂。你會在天堂的電影院中找到一個座位，坐下來觀看記錄了你一生的這部電影——它將在世界上最大的銀幕上放映。

想像一下，當你也觀看「我的一生」的時候將會是什麼樣子？當電影結束時你將有何感想？你將會爲它感到自豪嗎？你能否在心裡肯定，主角是爲了正確的理由去追求正確的目標嗎？你會思考，到底爲什麼銀幕上的那個人會做出那樣的選擇呢？你會不會發現自己當時應該做出更佳的選擇呢？……

爲了避免將來遺憾，你應該在今天——人生的每一天，都進行必要的努力！

昨天的電影已經結束了。我們日復一日所做出的決定，我們為自己設立的目標，和我們為實現目標所付出的行動——這些才是影響我們今後將要拍攝的電影的情節。

當史蒂芬．史匹柏拍一部新的驚險片的時候，他絕不會先周遊世界，拍攝完腳本中需要的每一個鏡頭，然後才坐下來從頭到尾的看每一段膠片。那種拍電影的方法非常危險！史匹柏擔心，那樣可能直到整個過程結束，才發現一幕中的情節與另一幕中不連戲——那時候再問自己，為什麼在蘇門答臘和演員及工作人員在一起的時候沒有發現這個問題顯然已經為時過晚。

直到最後一分鐘才去檢查整個影片是很危險的。相反，一個好的導演，每天都會檢查樣片。從前面電影的片斷會反映已經完成的工作。透過察看每天的樣片，就可以對最終組成一部你預想中電影的各個獨立片斷進行評價。

如果你直到最後才察看你的樣片，那麼你是不可能拍出一部好電影的。這個原則同樣適用於你生命的影片！

一個試圖避免一輩子庸庸碌碌的人，也要學著安排好自己的每一天，並對已經過去的一天中的「拍攝計劃」完成情況進行提問。每一天，在某些時候，我們都需要問自己：「剛才發生了什麼？什麼促使我向目標前進？什麼讓我離自己的目標越來越遠？什麼是有效的？我如何使那些有效的行動繼續下去？……」

更重要的問題是：「昨天的生活中我得到的最大的教訓是什麼？」如果你能把它弄清楚，你就可以問自己：「我從這個教訓中學到了什麼？今天我該怎麼做？」——每天都有進步，正是成功人士之所以取得傑出成就的最大祕訣。

觀看你自己每天的樣片和監督你自己每天都做出一點成績，就會幫助你去實現預期的重要目標！

為了改寫平凡的人生，一定要放棄浮躁，養成循序漸進的習慣，每天進步一點點，就是成功的開始！每天創新一點點，就是卓越的開始！

34 堅持就會有收穫

有兩個學生，他們在同一間教室，同一位老師教，每天做同樣的作業；不同的是，他們一個上課專心聽講、積極發言、經常做筆記，而另一個上課心不在焉，常常搞小動作、騷擾周圍的同學。時間就這樣日復一日的過去了，期末考試結束之後，前面那位同學考試得了一百分，而後面那位同學只得了五十分。

同一間教室，同一位老師教，每天做同樣的作業，爲什麼考試的效果卻不同呢？因爲一個付出了百分之百的努力，所以得了一百分；而另一個只付出了百分之五十的努力，所以只得了五十分。

古今中外，凡成就事業，有所作爲者無不是辛勤耕耘者。一代書聖王羲之成名前潛心苦練，竟把一泓清池染成墨色；大陸數學家陳景潤爲破解哥德巴赫猜想之謎，單單用於推導驗算的草稿紙就塞滿了幾十個麻袋；司馬遷編《史記》歷時二十多年；達爾文用了二十二年寫完《物種起源》；哥白尼用了二十七年完成《天體運行論》；豐子愷花了長達四十五年的光陰完成了弘一大師的遺願《護生畫集》……這些名人志士的驚世之作，正是日復一日、年復一年辛勤耕耘的豐厚回報。

明朝萬曆年間，皇帝決心整修萬里長城。當時號稱天下第一關的山海關早已年久失修，其中「天下第一關」的題字中的「一」字，已經脫落很久。皇帝希望恢復山海關的本來面貌，就許諾，不管誰寫的字被選中了，就能夠獲得重賞。結果最後中選的，不是各地的書法名家，竟是山海關旁一家客棧的店小二，真是讓人跌破眼鏡。

原來，店小二每當在擦桌子時，就望著對面牌匾上的「一」字，在擦桌子的一來一去中，他實際上是在寫這「一」字。如此練習了三十年，熟能生巧、巧能生通，他寫的這個「一」字自然就高出了很多書法大師。

農夫每天在田裡面辛苦的灌溉、施肥、除草，這樣就會有一個好收成。如果將農作物種進地裡面之後，就不再去侍候莊稼，田地裡就會雜草叢生、田園荒蕪，到了收穫的季節就會大失所望。我們工作也是這樣，只有辛勤工作，才會有收穫的喜悅。天上不會掉餡餅，只有靠自己的努力才可以換取成功的到來！

電影《阿甘正傳》講述了一個名叫阿甘的美國青年的故事，他的智商只有七十五，進小學都困難。但是，他幾乎做什麼都成功：長跑、打乒乓球、捕蝦，甚至愛情，最後，他成爲一名成功的企業家。阿甘的成功，就是因爲他的「笨」，他想不出投機取巧、偷奸耍滑的辦法，唯一能做的就是簡單的堅持，認真的做、傻傻的執行。一分耕耘總會帶來一分收穫，這就是《阿甘正傳》告訴我們的成功之道。

這就是一分耕耘一分收穫的道理：你付出了多少努力，就會得到多少回報。

放棄平庸的思想，積極發掘自身的潛能

PART 15

池田大作說：「平庸的生活使人感到一生不幸，波瀾萬丈的人生才能使人感到生存的意義。」一個人的行爲習慣，將決定他人生的高度。我們能否成功，在某種程度上取決於自己對自己的評價，這就是定位。定位能決定人生，定位能改變命運。只要你不把自己束縛在心靈的牢籠裡，誰也束縛不了你去展翅高飛。

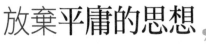

35 不要讓甘於平庸生活的思想限制你的發展

一個人的成就，很難超出他自信所能及的高度。無論做什麼事，堅定不移的信念，都是達到成功所必需的和最重要的因素。許多人因爲沒有追求成功的信念，所以，終其一生，無所作爲。

因此，要想獲得比目前更爲理想的生活境況，首先必須有追求成功的信念，構建種種可爲的藍圖，傾注全心全力的精力，去克服一切困難。

戴高樂說：「偉大的人之所以偉大，是因爲決心要做出偉大的事來。」

奧里森．馬登博士指出：「甘於平庸生活的思想限制了很多人的發展。」

作爲一名員工，你可能覺得自己目前的工作已經做得很好了，足以引以爲榮。但是，如果作一下換位思考，你自己是公司的老闆而不是員工，你就會覺得可以使工作的效率更加提高，你就可以找到更好的辦法來達到這一點。

你是否也這樣想過：如果多一點進取心，如果能更好的利用時間，你一定會使自己的工作更有成效，也能從中積累更多的經驗？在工作中，你想到更多的是自己的薪水，還是如何從僱主那裡吸取成功的經驗？在發現商品受損或者有浪費現象時，你是袖手旁觀，還是設法阻止？你是否曾經因爲粗心大意而惹了很多麻煩？你是否認爲如果有高額的獎金，你就會對手頭的工作更有興趣，也會做出更好的業績？

很多年輕人滿足於現狀，他們沒有過高的期望，也不期待取得更大的成就。這是很不足取的。

許多能力出色的僱員也滿足於平庸的生活，他們好像對自己能力所及的更高職位無動於衷。三十五歲的馬克的才能甚至蓋過他的老闆，但是多年來他一直是個普通的職員，他始終抱著一種最簡單的生活目的。雖然朋友多次鼓勵他自己創業，暗示他可以做得比老闆更好，他卻說：「我爲什麼要去做更大的生意呢？我爲什麼要去承擔更多的責任呢？我考慮的只是我自己，而不是別人。我需要盡情享受生活，而不是自尋煩惱。雖然我知道，如果我願意爲此而努力的話，我一定可以取得成功，但是自己創業也是需要花費心血的呀！」

不錯，一個人職位越高，他所承擔的責任也就越多。但是，能充分發揮自己的全部才智、激勵自己不斷奮進、利用自己所有的機會和稟賦完成肩負的使命，是會讓人得到一種前所未有的滿足感的。即使要付出不少努力與代價，承擔很多責任和風險，也是值得的。

人們總在努力爬向更高、更舒適的位置，努力去接受更好的教育，努力把自己塑造得更加優雅和高尚，努力獲得更多的財富，追求更高的社會地位。這種努力塑造了我們的性格，增強了我們的力量。這種推動生命向上的力量，也使別人對我們充滿了信心。

幾乎很少有人停下來想一想，什麼是進取心?進取心是怎麼來的?它有多重要?事實上，激勵我們前進的，是生命中潛藏的一種最有趣、最神祕的力量。它存在於每個人的生命中，就像自我保護的本能一樣。

只要我們心中具備哪怕只是一種最微弱的進取心，它也會像一顆健碩的種子，經過我們的耐心培育和扶植，它就會茁壯成長，直至開花結果。但如果我們的身體和精神土壤得不到足夠的照料和滋養，那麼追求上進和完美的種子就無法生長，反而會使野草、荊棘和有毒的東西繁殖蔓延。

一個人如果滿足於過一種平庸的生活，這將多麼令人可悲呀!你瞧，他對於人生中更偉大、更美好的東西竟然毫無興趣!當一個人滿足於現有的生活和工作、滿足於現有的思想和夢想、滿足於現有的性情和追求時，就表明他已經開始退化了。

永不滿足造就了人類偉大的精英。只有進取心才會促使我們改變現狀，只有永不滿足的激情才會激勵我們追求完美。這就是人類進步的奧祕。

如果你具有很強的進步慾望，再加上更加積極的努力，你就可以把眼前已經滿意的事情做得更好。

36 所有的人都具有充沛而未經開發的才能

二十世紀初，美國心理學家威廉．詹姆斯提出假設：一個正常健康的人，只運用了其能力的百分之十。稍後，又有學者瑪格麗特．米德撰文，認爲不是百分之十，而是百分之六。後來，奧托又估計，一個人所發揮出來的能力，只佔他全部能力的百分之四。心理學家估計的數字之所以越來越低，是因爲人所具備的能力其源泉之強大，根據現在的發現，遠遠超過十年前、乃至五年前的估測。

有史以來，僅有極少數的人能夠相對充分的發展自己的潛力，這實在是一件可悲的事。真的，幾乎所有的人都具有充沛而未經開發的才能。

班傑明．富蘭克林是舉世聞名的政治家、外交家、科學家和作家。他的多方面的才能令人驚歎：他四次當選爲賓夕法尼亞州的州長；他制訂出「新聞傳播法」；他發明了口琴、搖椅、路燈、避雷針、兩塊鏡片的眼鏡、顆粒肥料；他發現了墨西哥灣的海流、人們呼出的氣體的有害性、感冒的原因、電和放電的同一性；他設計了富蘭克林式的火爐和夏天穿的白色亞麻服裝；他將黃柳和高粱引入美國；他最先解釋清楚北極光；他最先繪製出暴風雨推移圖；他創造了換氣法；他創造了商業廣告；他最先組織消防單位；他首先推出道路清掃工作；他是政治漫畫的創始人；他是出租文庫的創始人；他提議夏季作息時間；他是美國最早的警句家；他是美國第一流的新聞工作者，也是印刷工人；他是《簡易英語祈禱書》的作者；他是英語發音的最先改革者；他還被稱爲近代牙科醫術之父；他創立了美國的民主黨；他創設了近代的郵信制度；他想出了廣告用插圖；他創立了議員的近代選舉法；他的自傳是世界上所有自傳中最受歡迎的自傳之一，僅在英國和美國就重印了數百版，現在仍被廣泛閱讀；他作爲游泳選手也很有名……

值得一提的還有美國第三任總統托馬斯．傑弗遜。他的豐功偉績令人難以置信。他對自己的能力具有超凡的信心。他在兩任總統的任期中，完成了著名的路易斯安那購買案，許多歷史學家稱之爲美國歷史上最卓越的交易。當然，在此之前，他還完成了名垂青史的《獨立宣言》草案。

作爲一個政治家，傑弗遜的其他成就也多得不勝枚舉。美國歷史上，沒有幾個政治家能夠與他相比；若說有人能夠超越他的成就，實在值得懷疑。

傑弗遜令人歎爲觀止的能力，是他能夠將創造力充分的運用於各種領域。他是美國哲學協會的主席、維吉尼亞大學的創辦人，還支持了首次美國科學探險。他也是第一流的建築師，他常替自己和朋友們設計房屋藍圖。

當然，並不是說我們若無法達到富蘭克林和傑弗遜這種不朽的成就，就算是失敗。但是我們應該竭盡所能，貢獻於世界；不論你具有哪一種能力，都應該善加利用，盡量發掘出來。英國著名的評論家海斯利特曾說：「低估自己者，必爲別人所低估。」

體育界有一句行話：「不用，就會失去。」肌肉如果不運用，就會萎縮。而這種萎縮程度之大，足可以加害於身體。如果我們不去喚醒我們的潛在能力（這種潛在能力包括能力源），這些能力也會轉化成自我毀滅的渠道。如果你不斷的挖掘你的潛在功能，你的一生都會充滿令人激動的探險。

造物主給予我們巨大的力量，鼓勵我們去從事偉大的事業，如果不盡到對自己人生的職責，在最有力量、最能成功的時候，不把自己的本領盡量施展出來，那麼對於世界和自己都是一種損失。

PART 16

放棄得過且過的思想，改寫不如意的人生

生於憂患，死於安樂。生活中最悲慘的情形莫過於：一些雄心勃勃的人本來滿懷希望的出發，卻在半路上停了下來。他們滿足於現有的溫飽和生存狀態，懷著得過且過的思想，漫無目的的虛度餘生。人只有不斷挑戰和突破才能逐漸成長。長期固守於已有的安全感中，就會像溫水裡的青蛙一樣，最終失去跳躍的本能。

37 世間大部分不如意的人生都是不良思想的結果

一位心理學家指出：「世間大部分的貧窮，都是一種病態，是不良生活、不良環境、不良思想的結果。」

我們知道，貧窮是一種反常的狀態，因爲它是所有的人都不希望的，它與人類的最高幸福和願望相背馳。「富裕」、「充足」，天下眾生都應有份。所以，假使人們堅決的要求著，並不斷的奮鬥著去爭取這富裕、充足，那麼總有一天你會認識這條簡單的道理——人人都能成功！

假使普天下的貧困者，能夠從他們頹喪的思想、不良的環境中轉身過來，而朝著光明愉快的方向前進；假使他們能立志要脫離貧困與低微的生存，這種決心，一定可以使社會飛速進步。

許多人總以爲自己已盡了最大的努力去對抗貧窮；實際上，他們還沒有盡其一半可能的努力呢！

就事實而論，世間許多的貧窮，都是由懶惰懈怠所造成，都是由奢侈、浪費及不願努力、不肯奮鬥所造成。除奢侈、浪費以外，懶怠之足以敗人事業比任何東西都更甚；而奢侈、浪費與懶怠，往往是無獨有偶、攜手同行的。

爲了獲得理想的人生，一定要培養堅強的品格，樹立與貧窮、困境誓不兩立、水火不相容的思想。

自恃與自立，是堅強品格之基石。我們常能發現，在那些雖則貧窮、雖則不幸，而仍然努力奮鬥的人中間，這種品格非常堅強。但是一個因失掉了勇氣，失掉了自信，或因懶得去付「富裕」之代價而至於貧窮的人，卻沒有這種堅強的品格。跟那些在不斷的去取得富裕的努力中鍛煉出大量的精神力、道德力的人相比較，這種人是一個弱者。

當你堅定意志，要在世界上顯出你的真面目，要一往無前的朝成功、富裕的目標前進，而世界上沒有一件東西可以推翻你的這種決心時，你會發現，這種自尊心理與自信心理，是可以給予你無窮力量的。

最足以損害我們的能力，破壞我們的前途的，無過於與目前的不幸環境相妥協，以不幸環境爲固然，而不想去掙脫它。

因爲自己不能像富裕的人一樣的生活，不能享受富裕的人所有的享受——貧窮的人往往灰心喪氣，不想奮鬥。他們不想透過自己的努力，而盡可能的走出困境，擺脫貧窮。

大部分貧窮者的毛病，是他們沒有建立可以脫離貧窮的自信。他們已經跟貧窮妥協，以貧窮爲他們應有的命運。

到了一個人停止戰鬥、放下槍械、豎起白旗的時候，除了恢復他已經失去的自信心，和趕去他腦海中的宿命論的觀念以外，實在別無辦法！

上天絕無意叫任何人甘於貧窮，滯留於痛苦不幸的環境中。

聰明的人懂得，得過且過、消極避世總不是真正的人生態度。貧窮本身並不可怕，可怕的是貧窮的思想，是認爲自己命定貧窮、必須老死於貧窮的這種信念！

爲了人生的成功，一定要克服一切貧窮的思想、疑懼的思想。從你的心扉中，撕下一切不快的、黑暗的圖畫，掛上光明的、愉快的圖畫。

心中不斷的想要得到某一東西，同時孜孜不倦的奮鬥著去求得某一東西，最終我們總能如願以償。世間有千萬個人，就因為明白了這層道理，而掙脫了貧窮的生活！

38 無論如何都要更加努力的做好該做的事

在演講中，哈佛大學第二十二任校長洛厄爾曾說過這樣一段話：「每一個人都不必為自己沒有進入理想的學校，或者有過某些過錯與損失而悲傷不止。相反，你們應該更加努力的去接受現實生活中的每一件事。事情已經發生了，無論你怎樣悔恨和歎息都是沒有用的。你唯一可做的是輕鬆愉快的接受它，更加努力的做好你該做的事。」

高中畢業後，貓王靠開卡車為生。一九五三年，他用開車攢下的錢在孟菲斯市的一個錄音室裡錄製一盤自彈自唱的磁帶，作為給母親的生日禮物。機緣巧合，錄音室老闆山姆·菲利浦斯聽到他的歌聲，並被這個卡車司機獨特的演唱風格和對音樂的執著深深打動了。山姆立即跟貓王簽約，請他加入自己的太陽唱片公司。

瑪麗蓮·夢露，原名諾瑪·吉恩·默頓森，出生在美國洛杉磯。一九四四年，夢露在軍工廠流水線上班時，被一個陸軍攝影師注意到了。攝影師請她為幾幅宣傳畫作模特，她從此走紅。不久，一家模特經紀公司與夢露簽約，並送她進表演班學習。一九四六年，她正式加入二十世紀福克斯電影公司。

山謬．摩斯從耶魯大學畢業後，在倫敦學習繪畫，後來發展爲一個成功的肖像畫家和雕塑家。一八二五年他捐資建立了紐約國家設計院，次年，成爲該院首任院長。一八三二年，他受聘於紐約大學藝術系，成爲該系的繪畫和雕塑教授。任教期間，他發現化學和電學中有個奇妙的世界。幾年後，他研製出一部電磁通訊儀器，並爲這個儀器創造了一套密碼——摩斯電碼。

瑪丹娜於一九五八年出生在密西根州，高中畢業後進入密西根大學，並獲得舞蹈系的獎學金。但她兩年後輟學，前往紐約尋求發展。成名之前，她在甜甜圈專賣店裡當服務生。之前她當過清潔工和衣帽間的侍者。

史恩．康納萊一九三〇年出生於蘇格蘭的愛丁堡，他做過水泥工、游泳池的救生員等工作。一九五〇年他在「世界先生」健美賽上獲得季軍後，開始在電影裡飾演一些小角色，但日常開支還要靠給棺材刷油漆和上光的收入。後來因爲出演《諾博士》中的詹姆斯．邦德（〇〇七）一炮而紅。康納萊共主演過六部〇〇七系列片和很多膾炙人口的影片，並獲第六十屆奧斯卡最佳男配角獎……

如果你現在的生活環境不是你夢寐以求的理想環境，不要悲觀，因爲包括前面介紹的很多名人都曾有過與你相同的境遇。

最重要的不是我們現在在什麼地方，擁有什麼樣的條件，而是我們正在朝著什麼方向邁進，在付出什麼樣的努力！

39 每天生命要有所成長、有所進步

一九七九年曾獲得諾貝爾物理獎的溫伯格，在《科學導報》上發表了一段答記者問。

記者問：「你覺得哪些是科學家必須具備的素質？」

溫伯格答道：「這個問題因人而異，不同的人可以按不同的途徑達到很高的成就。每個理論物理學家必須具備一定的數學才能。但並不能說數學最好的人，就會是最好的物理學家。很重要的素質是『進攻性』，它不是人與人關係中的『進攻性』，而是對自然的『進攻性』。不是安於接受書本上的答案，而是嘗試發現有什麼與書本不同的東西。」

那些具有「進攻性」的人，思想活躍，不滿足現狀，較少受習俗的束縛，勤於探索，渴望創新，最終人們將會從內心對他發出由衷的欽佩。因爲敢於冒險，是以科學態度待人待事的一種進取的美德；相反，思想僵化，墨守成規，得過且過，安於現狀的人，最終會被人厭棄的。

明治維新時，功臣之一的坂本龍馬常和西鄉隆盛長談，坂本的談話內容和觀念每次都有一點改變，使西鄉隆盛每次的感受都不一樣。

於是，西鄉就對他說：「前天，我遇到你的時候，你所講內容和今天又不一樣，所以你說的話，我有所存疑。你既然是天下馳名的志士，受到大家的尊敬，應該有不變的信念才行。」

坂本龍馬就說：「不，絕對不是這樣。孔子說過『君子從時』。時間不停的流轉，社會情勢也天天在變化。昨天的『是』成爲今天的『非』，乃是理所當然。我們『從時』，便是行君子之道。」

接著又說：「西鄉先生，你對一個事物一旦認爲是這樣，就從頭到尾遵守到底，將來你一定會變成時代落伍者。」

人世萬物始終在替換更新。但在轉變中，唯一永遠不變的就是真理，這也就是從宇宙中產生出來的力量。

因此，所謂轉變及日日新，便是把這種真理因時因地加以活用的結果。若以爲真理是不變的，就不再活用變通，真理就等於死了一樣。

如果每天只是翻來覆去，沒有目標的過日子，人生就毫無意義了。倘若希望人生是繁榮、和平與幸福，生活就不應是如此單調反覆。今天應該比昨天進步，明天比今天更進步，也就是每天生命要有所成長。

有句俗語「十年如一日」，就是說十年的努力就好像一天的努力那樣充滿活力和恆力。它強調的是勤勞、努力與毅力這種精神，並不是說在這過程中不要有任何進步。這種十年如一日的努力，一定會產生非常新穎的創意和進步。

PART 17

放棄不切實際的高期望，減少挫折感

志當存高遠的思想是正確的，但「高」和「遠」是應該有適宜的「量」和「度」的，如果把標準定得過於「苛刻」，就難免會有挫折感。

古人說：「力能則進，否則退，量力而行。」人的能力是有限的，無論你的智商有多高，力氣有多大，都有達不到的境地，所以做事要量力而行，不可強求。記住：凡事當盡力而爲，但是也要量力而行。放棄不切實際的高期望是量力而行的睿智。

40 追逐有可能實現的目標才是明智的選擇

在生活中，沒有了夢想，我們將會失去希望，只不過要記得你的夢想要充滿希望。

但是，你的某些夢想會成真，其他的會漸漸消失或改變，更有些會在你的眼前粉碎。在你的人生中，你可能必須要放棄一到兩個夢想。可是你這麼做的時候，其他的機會又會展現在你面前。

約翰年輕的時候，他喜愛寫詩，他不記得自己是何時開始愛上寫詩的。它們始終是他生命中的一部分，他寧願用詩來表達自己內心深刻的感受，某些他感覺難以面對的事便以詩傳達。

約翰大學畢業之後，在德州的愛爾巴索市的一家報社找到一份差事，他將所有的家當打包，開著自己的老爺車直奔德州開始新生活。這份工作只維持了兩個月，報社便倒閉了，解雇了所有的員工。約翰只好另外找尋工作——說起來並沒有很多就業機會。然而，妻子鼓勵他應該把他的一些詩作集結成書，然後寄出尋求出版。

在很小的時候，約翰便夢想成爲一位名作家。妻子對他的信心令他十分陶醉，約翰是既興奮又緊張，兩種情緒兼而有之。妻子白天作祕書，晚上作裁縫師來維持日常生活，而約翰則夜以繼日的創作他的第一本詩集。

約翰傾盡全力從事寫作，等到完成時感到非常的自豪。他本想向全世界描述自己內心深處的夢想、希望和慾望，卻發覺這個世界對之嗤之以鼻。他被退稿十二次之後，早就完全麻痺了；等到被拒了二十四次，他坐在後院涼亭，重新評估人生目標的優先次序。

這的確是件棘手的事，一位女演員要坐多久冷板凳，才會放棄她獲得在電影中扮演第一個角色的希望？一個提琴手要試音幾次，才會覺悟到他永遠無法成爲交響樂團的一員？一位舞者要嘗試幾回，才能明白她的動作不如舞台上那些年輕女孩的舞姿曼妙，而終於下決心將舞鞋束之高閣？

約翰開始想到妻子想要住在一棟紅磚屋的夢想：拱形的大門口，院子裡的樹葉搖曳，前面有個門廊，能讓她傍晚坐在那兒休憩，向過路的鄰居揮手打招呼。

以當時的財務狀況而言，他們似乎永遠達不到這個夢想。還好，後來約翰在一家廣告公司謀到一個職位，他們竭盡所能節省每一分錢，不久，便足夠建築他們的家園了。

從某種意義上說，約翰放棄了成爲詩人的夢想，而遷就於另一個比較小的夢。然而，每當他看到妻子坐在門廊裡縫製衣服，向鄰居揮手致意時，他就覺得成爲詩人未必是個值得追求的偉大夢想。

遵循你的夢想，做出最佳的抉擇。當你意識到你正爲你自己創造最佳的途徑時，自然會得到心靈的平靜。你有獨一無二的人生。對別人有益的夢，也許會危害到你。你可以擁有夢，不過要懂得知足常樂。

一位哲人說：「成功的最佳目標不是最有價值的那個，而是最有可能實現的那個。」

41 放棄完美的標準，對生活不要期望太高

成功，是每一個追求者企盼、嚮往的目標。在這個目標的推動下，人能夠被激勵、鞭策，奮發向上，向美好的目標挺進。

然而，如果脫離客觀現實，爲自己設置可望而不可及的目標，那麼，結果往往是壓抑、擔心和失望。

心理學家在對工作效率和情緒健康的科學研究中，曾對一百五十名年收入在一萬到一百五十萬美元的銷售人員進行了一次調查。

他們中有四成的人是完美主義者。可以預料，在現實生活中，他們要比那些非完美主義者承受更大的精神壓力，他們的生活會充滿擔心失敗的焦慮和憂愁，不敢冒險，患得患失，他們的工作效率低於那些非完美主義者，他們並沒有更多的成功。

事實上，完美主義者患得患失懼怕失敗的焦慮和壓力束縛他們的手腳，壓抑他們的創造性，使其工作效率降低。賓夕法尼亞州立大學心理學家的研究發現，有資格參

加奧林匹克運動會的運動員，不同於其他運動員的顯著標誌之一，就是他們很少爲自己制定完美的標準。

心理學家所指的「完美主義者」是什麼呢？它並不包括那些爲美好的理想健康的追求著的人們。沒有客觀的目標與科學的態度，成功是難以實現的。

完美主義者是這樣一些人們，他們爲自己設置不可能達到的目標，強迫自己去實現，並用他們的成就去衡量自身的價值。結果，他們總是爲擔心失敗惴惴不安。

二十世紀七、八〇年代，在美國心理治療界發現有這樣一類求治者：他們是成功的商人、藝術家、醫生、律師和社會活動家等。他們在自己的領域如魚得水，出類拔萃，但他們的努力並未給自己帶來所期待的幸福生活。

心理學家們發現，完美主義者具有這樣一些共通性：他們的成功既不能給他們帶來成就感，也不能帶來一個完整、獨立的自我感受。他們尋找心理治療，以期給自己的生活帶來意義，並克服空虛感。

完美主義者的自我系統處於分離狀態，一方面，當他們獲得成功時，他們可以體驗歡欣；另一方面，在他們的內心深處卻隱藏著深層的無價值感和自卑感。

正是這種匱乏導致了他們將無所不能的完美主義傾向當作護身的盔甲。他們抱怨所有的成功似乎都不能給自己帶來快樂，沒有人理解他們，他們也不能理解他們自己。

他們的整個生活都在隱蔽自身中不被自己接納的那部分。簡單的說，他們不能接受自身的不完美。

改變這種可怕性格的方法就是，學會重新樹立評價自己的標準，改掉原來那種完美的、苛刻的、傾向於全面否定的標準，樹立一種合理的、寬容的、注重自我肯定和鼓勵的標準；學習多讚美自己，把過去成功的事例列在紙上，坦然愉悅的接受別人的讚揚並表示感謝。

一位著名的心理學家指出：人生並非上帝爲人類設計的陷阱，好讓他譴責我們的失敗。

人生也不是一盤棋，如果走錯一步那麼步步皆錯。

人生其實就像踢足球，即使最偉大的球星，也會在比賽中失誤，我們的目標是努力發揮最佳水準，但不能要求自己腳腳都是妙傳，甚至是射門得分。

可見，醉心於追求「完美」的人，其實是不完美的。因爲「完美」畢竟是抽象的，只有生活才是具體的。生活中有不少「完美」，並非靠追求就能得到；相反，生活中有許多遺憾，也是無法避免的。假如我們在心理上戰勝了這些，我們的內心就會穩健許多，就會重新感受到生活的樂趣。

能認識到自己有種種不足並能坦然面對的人，可以說是自信的，心態也是健康的。

放棄瞎忙，更有效的利用時間

PART 18

時間對每個人都是極其重要的，大家都覺得時間不夠用，巴不得能有多一點的時間。比起學習知識和技能，我們更應該注重按時做出成就。重視時間的人常常有很高的生產效率，並創造出巨大的生產價值。他們用今天的時間和能源爲今後製造出可供享用的更多的勞動成果。一定要努力養成更好的工作習慣，放棄瞎忙，注重條理性，提高效率，這樣才能常常感到輕鬆愉快，變得更有活力，更快、更好的完成各項工作。

42 分清輕重緩急，先做重要的事情

有一位教授在桌子上放了一個罐子。然後又從桌子下面拿出一些鵝卵石一塊一塊的放進罐子。當放到不能再放的時候，教授問他的學生道：「你們說這罐子是不是滿的？」

「是！」學生們異口同聲的回答說。

「真的嗎？」教授笑著問。然後，再從桌底下拿出一袋碎石子，他把碎石子從罐口倒下去，搖一搖，再加一些，再問學生：「你們說，這罐子現在是不是滿的？」這次，他的學生不敢回答得太快了。

最後，班上有位學生怯生生的細聲回答道：「也許沒滿。」

「很好！」教授說完後，又從桌下拿出一袋沙子，慢慢的倒進罐子裡。倒完後，他再問班上的學生：「現在你們再告訴我，這個罐子是滿的呢還是沒滿？」

「沒有滿！」全班同學這下學乖了，大家很有信心的回答說。

「好極了！」教授再一次稱讚這些「孺子可教也」的學生們。稱讚完後，教授從桌底下拿出一大瓶水，把水倒在看起來已經被鵝卵石、小碎石、沙子填滿了的罐子。

當這些事都做完之後，教授正色的問班上的同學：「我們從上面這些事情學到什麼重要的觀念？」

班上一陣沉默，然後一位自以爲聰明的學生回答說：「無論我們的工作多忙，行程排得多滿，如果要逼一下的話，還是可以多做些事的。」這位學生回答完後心中很得意的想：「這門課說到底講的是時間管理啊！」

教授聽到這樣的回答後，點了點頭，微笑道：「答案不錯，但這並不是我要告訴你們的重要信息。」說到這裡，這位教授故意停頓，用眼睛向全班同學掃了一遍說：「我想告訴各位最重要的信息是，如果你不先將大的鵝卵石放進罐子裡去，你也許以後永遠沒機會把它們再放進去了。」

每一天我們都在忙，每一天我們所做的事情好像都很重要，每一天我們都不斷的往罐子裡灌進小碎石或沙子，各位有沒有想過，什麼是你生命中的「鵝卵石」？

我們都很會用小碎石加沙和水去填滿罐子，但是很少人懂得應該先把鵝卵石放進罐子裡的重要性。在日常生活中，分清輕重緩急，重要的事情先做也是同樣的道理。

卡內基在教授別人期間，有一位公司的經理去拜訪他。經理看到卡內基乾淨整潔的辦公桌感到很驚訝。他問卡內基說：「卡內基先生，你沒處理的信件放在哪兒呢？」

卡內基說：「我所有的信件都處理完了。」

「那你今天沒做的事情又推給誰了呢？」經理緊追著問。

「我所有的事情都處理完了。」卡內基微笑著回答。看到這位公司經理困惑的神態，卡內基解釋說：「原因很簡單，我知道我所需要處理的事情很多，但我的精力有限，一次只能處理一件事情，於是，我就按照所要處理的事情的重要性，列一個順序表，然後就一件一件的處理。結果，都處理完了。」

「噢！我明白了，謝謝你，卡內基先生。」

幾週以後，這位公司的經理請卡內基參觀其寬敞的辦公室，對卡內基說：「卡內基先生，感謝你教給了我處理事務的方法。過去，在我這寬大的辦公室裡，我要處理的文件、信件等等，都是堆得和小山一樣，一張桌子不夠，就用三張桌子。自從用了你說的法子以後，情況好多了，瞧，再也沒有沒處理完的事情了。」

這位公司的經理，就這樣找到了處事的辦法，幾年以後，成爲了美國社會成功人士中的佼佼者。

我們爲了個人事業的發展，也一定要根據事情的輕重緩急，制訂出一個順序表來。人的時間和精力是有限的，不制訂一個順序表，你會對突然湧來的大量事務手足無措。

根據你的人生目標，你就可以把所要做的事情制訂一個順序。有助你實現目標的，你就把它放在前面，依次爲之，把所有的事情都排一個順序，並把它記在一張紙上，就成了順序表。養成這樣一個良好習慣，會使你每做一件事，就向你的目標靠近一步。

我們可以每天早上制訂一個順序表，然後再加上一個進度表，這樣就會更有利於我們向自己的目標前進了。

43 擬定有助於更充分利用時間的計劃

美國著名管理顧問斯蒂芬．柯維指出：「我們都不願浪費時間，但卻很少計較花掉的時光。換句話說，當事業蒸蒸日上時，我們對時間的利用，卻沒有相對提高。」

要改善這種情況，必須擬定時間計劃。那麼，我們應該如何學習制訂時間計劃呢？如下建議可供參考：

一、充分認識時間計劃的好處。

擬定時間計劃之所以重要，有幾點原因：

1.時間計劃可以防患未然。

人都有某些預感，但總是事到臨頭了才感到事態嚴重。因爲我們不能洞察時機，因爲我們常常忽略潛藏的危機，以致出了問題一籌莫展。

你會有不知要做什麼的時候嗎？其實，有好多預備工作等著你做呢！而你應該把它們列入時間計劃。

2.時間計劃可以驅除罪惡感。

做事時心不在焉，常是罪惡感的原因之一。荒廢時間的感覺令人不安。你的內心裡有一絲細微的聲音在說：「你是行屍走肉，你是社會的寄生蟲，你在世上白佔一塊空間。」如果你的工作不是在工廠的生產線上，你大有混水摸魚的機會！不管在哪裡工作，你都可以得過且過。這是社會和公司的損失，而損失最大的其實是你自己。浪費時間的人永遠不會贏得精彩的人生。

每天一早你妝扮整齊，準備開始一天有效率的工作。你習慣性的批文件、打電話、開會，似乎很有效率的樣子，但你真的賺到錢了嗎？如果你是屬於業務方面的工作，只有在別人對你的報價點頭時，你才真正在賺錢，其他一切事務，都只是準備工作而已。

這也就是說，在這一行，坐辦公室不算工作，你的工作是出去和新客戶接觸。接觸的人越多，收入也越高。

3.時間計劃可以改善家居生活。

和家人相處有兩種情況：刺激或冷漠。為自己訂立太多目標，將使你和家人相處的時間減少。你要和家人相處在刺激的氣氛中，或只是冷漠的住在一個屋簷下？

先給刺激和冷漠下個明確定義。前者是你經過計劃，空出一段與家人一塊兒討論分享彼此喜怒哀樂的時間；後者是你滿面倦容的和家人在一起。

和家人有意的多接近些：也許只是在一起做做運動或散步、游泳之類的活動。每天藉著體能活動，來消除心理上的壓力。在回到家之前，準備好足夠的精神和家人在一起。

也許會有人對你急於和家人相處不以爲然。許多標準丈夫每天準時回家，週末甚至更早。他們的太太反而希望他們有點別的事做做。但這些標準丈夫並非沒有目標，他們的目標就是：能每天小酌、看看足球賽、早早下班回家。這些就令他們滿足快樂了。這些也就是他們應做的。重點在於：只要自己高興就行了，不要因爲和別人的目標不一樣而耿耿於懷。

4. 時間計劃是一種自我訓練。

計劃時間使生活有板有眼。如果不努力工作，我們都會消磨時間。下面幾項最容易消磨時間：

電視——電視真是個奇妙的發明。但它和巧克力、威士忌一樣必須有所節制。許多人花在電視機前的時間，比做其他任何活動都長。如果有了計劃，或許能改變這種狀況。

重複——算算看一件事做兩次會花多少時間。第一次沒完全做好，要花更多的時間討論、修改，再做一次，這實在浪費時間。投下雙倍的資源，只完成一件事實在不划算。

不分輕重緩急——做事沒有輕重緩急之分，過一天混一天，沒有計劃的日子，是一種時間上的浪費。

拖延——有人從來不訂計劃，因為他們知道自己絕不會照表進行。他們對自己該做的事，毫無興趣，每當想起該做而未做的事，就產生罪惡感。不寫下計劃只是不願面對現實，逃避該做的事。但到頭來依然自食其果。與其拖延，不如好好的計劃並實行它，你才能成功。每天早上照照鏡子，看看鏡中人是不是自己想要的樣子。不要抱怨家人、公司、朋友、市場現況和經濟情勢。是誰造成這些情況的？

消極、負面的想法——所有抱怨、憎恨的言語，都只是一種浪費。害怕、憤怒、嫉妒於你有害無益。此時此刻專心於有利的事，就是走在成功的大道上了。

二、寫下明天最重要的三件事。

擬定時間計劃最簡便的方法，就是每晚寫上三件明天最重要的事情。抓起手邊的任何白紙，告訴自己：「我要開始了，明天最重要的事是第一……，第二……。」這種方法立竿見影。而且讓你花一些心思在明天，因爲你經常太忙，以致無法爲明天做計劃。

摘記下所有可以想到的事，開始問自己：「昨天該做而沒做的是什麼？」然後再問：「哪些事今天應做而未做？」繼續問：「明天該做的最重要的事是什麼？」這張表可能長得不可思議，但不必爲此煩惱。

修改到剩下三件事爲止。使用這套方法一段時間之後，你會豁然明白：原來自己在工作時，就在尋找這三件事，晚上你很快就能想出明天的工作和需要有哪些。

三、為工作排列先後順序。

排列時從最難的開始，排到最簡單的事，如果你如此循序進行，就會達到最高辦事效率。排好後，不要再想明天的事，一切等到明天再說。你會發現，自己能更清楚的構想出明天如何有效率的一一完成工作，而不是面對三件難事。

現在把這三件事照順序解決。從第一件開始。盡量避免干擾，若無法避免其他的急事，要趕快解決，然後回到第一件事，迅速完成，做完以後，就從表上劃掉，繼續做第二件。以此類推。對於工作，要堅持圓滿完成的態度。

這樣進行三星期之後，你會發現比以前沒頭緒的做法，多出許多時間。也許一天你只劃掉兩件事，甚至一件事而已，但你已把當天最重要的事完成了。有很多人從來沒有完成最重要的事。倘若你每天能完成三件事，一個月共九十件，一年超過一千件，你整個人生將爲之改觀。

四、每晚都列出計劃。

每晚列一張新表，今天沒完成的放在明天的第一項。你睡前的目標是選出明天的三件事。

只要決定好就寫下來，這是很好的準備了。你的心會在睡眠時幫你工作。你可有過這種經驗？在重要會議的前一晚，你會想著明天開會時，我要「讓他們看……，告訴他們……，也許他們會問……，我要回答……」。此刻，這些答案可能會浮現腦海，但並不如你想要的那麼令人信服。然而，第二天早上，當你面對客戶時，強而有力的說詞竟脫口而出，讓你自己都嚇一跳。你也不知道怎麼會有這樣反應。它來自你的潛意識，來自心智對外來刺激的一種反應；當前一晚躺在床上做心理準備時，正是在刺激你的心志。

在床上計劃並不一定是做心理準備最好的時機。有些人可能喜歡在寂靜的小房間裡思考。你不妨試試，看看哪種方式最適合自己。

44 為自己制訂一個合理的工作日程表

爲了使工作條理化，擁有更高的工作效率，精心爲自己制訂一個好的工作日程表是非常重要的。計劃與工作日程表不同，計劃是指對工作的長期打算，而日程表是指怎樣處理現在的問題。比如，今天的工作、明天的工作，也就是所謂的逐日的計劃。

有許多人抱怨工作太多、太雜、太亂。實際上，是由於他們不善於制訂日程表。他們不善於安排好日常的工作，連最沒意義的事也抓住不放，人爲的製造忙亂，不但談不上工作條理化，連自己也被壓得喘不過氣來。

著名作家雨果說過：「有些人每天早上預定好一天的工作，然後照此實行。他們是有效的利用時間的人。而那些平時毫無計劃、打算隨機應變過日子的人，只有混亂二字。」

制訂工作日程會因工作性質、本人身體狀況和氣質的不同而不同，大致應遵守以下原則：

心。

一、以重要活動為中心制訂一天工作日程。

有些工作是關鍵的，或者說是帶戰略意義的重要活動，應以這樣的重要工作爲中心。

二、以當天必須首先要做的那件工作為中心制訂一天工作日程。

不可能有這種奇蹟，剛開始做，一下子就做完了全部工作。所以，要挑出那些在一天內必須做完、一旦受干擾中斷就不太好辦的工作。

三、把有聯繫的工作歸納在一起做。

種種瑣事歸納到一起，會使工作有節奏和氣勢。例如，有些信件，可以歸總起來一次寫完；盡量約好時間，盡可能集中的依次撥打同類電話；必須閱讀的材料，集中到一起很快的過一下目，等等。

四、使工作日程與自己的身體狀況、能量的曲線相適應。

能量曲線因人而異，一般的人上午精力充沛，因此，要利用這段時間去從事那些最有挑戰性、最富於創造性的工作。而在你精神上、體力上和工作效率都在減退時，換做一些其他工作，或者做一些事先已經安排好了的工作，或者休息一下。

由於人們每天需要做的事情很多，事情又有輕重、急緩之分，大小之別，難免有時顧此失彼，本來想做這件事，不知不覺中卻做起了別的事情。所以，在有了工作日程表以後，最好隨身攜帶筆記本和備忘錄用紙，這樣你不但明確了當天的工作，也明確了此時此刻應該做什麼工作。

除隨身攜帶筆記本外，使用卡片也是一個好辦法。可以把卡片放在衣袋裡、辦公桌上、家裡的書桌上、飯桌上、電話機旁、床邊和廁所裡等隨時可以看到的地方，時時提醒自己。

在工作中，有時突然頭腦中冒出一個新穎的想法，或者想起了什麼必須做的事，如果這些想法與目前正在做的事有關聯，那可以照著去做。

如果它並不是要立即去做，今後做會更合適，那就把它記在備忘錄上；對那些有意義的設想，可以利用星期天、國定假日仔細研究，並加以歸納整理，這樣，本來不太明確的事也明確了，你的工作和應辦的事就更有條理了。

我們要有理想　要有成就大事的雄心

但一定要從小事做起　有把小事做細的韌勁

只有放棄，才能擁有

GIVE UP TO OWN SOMETHING

放棄粗心，小事不能疏忽

PART 19

天下難事，必做於易；天下大事，必做於細。有一句耳熟能詳的話，叫「魔鬼存在於細節之中」。爲什麼細節會成爲魔鬼的棲身之地呢?因爲人們在工作和生活當中，經常會忽略細節的存在，從而讓魔鬼有機可乘。認爲小事可以忽略、細節不影響大局的想法，其實是一種錯誤的觀念，可能使一個人的事業功虧一簣。爲了成就大事，一定不要粗心、馬虎，養成關注細節的習慣是非常重要的。

45 任何細微的東西都可能成為決定成敗的關鍵性因素

一部電影好看，需要注意細節；一個人要想成功，需要注意細節；一個企業若想發展，也需要有人注意細節。人生固然要有宏大的遠景構思，但人生更富價值和意義的，卻在於生活的平淡瑣事中。生活是充滿了細節的。正是這些細節，才使得生活血肉豐滿，充滿情趣，才使得生活豐富多彩、魅力無限。否則，生活一定是一片空白，顯得單調乏味。

大多數人在大多數時間裡只能面對一些具體的事、瑣碎的事、單調的事，也許過於平淡，也許顯得雞毛蒜皮，但這就是生活，是成就大事不可缺少的基礎。認爲小事可以忽略、細節不影響大局的想法，其實是一種錯誤的觀念，可能使一個人的事業功虧一簣。

就像有一首名爲《釘子》的小詩中寫的：

丟失一個釘子，壞了一隻蹄鐵；

壞了一隻蹄鐵，折了一匹戰馬；
折了一匹戰馬，傷了一位騎士；
傷了一位騎士，輸了一場戰鬥；
輸了一場戰鬥，亡了一個國家。
……
我們要有理想，要有成就大事的雄心，但一定要從小事做起，有把小事做細的韌勁。因爲，把小事做好，不僅僅是一種工作態度，小事中往往隱藏著成功的機會。正如一位著名的管理者所說的：「一個做事不追求完美的人，是不可能成功的，而要做事完美，就必須注重細節。」

日本獅王牙刷公司的員工加籐信三爲了趕去上班，刷牙時竟致牙齦出血。他爲此而感到惱火，上班的路上仍是一肚子不舒服。但在心頭火氣平息下去以後，他便和幾個要好的夥伴提及此事，並相約一同設法解決刷牙容易傷及牙齦的問題。

他們想了不少解決刷牙造成牙齦出血的辦法，如將牙刷毛改爲柔軟的狸毛，刷牙前先用熱水把牙刷毛泡軟，多用些牙膏，放慢刷牙速度等，但效果都不太理想。於是，他們進一步仔細檢查牙刷毛，在放大鏡底下，發現刷毛頂端並不是尖的，而是四方形的。加籐信三想：「把它改成圓形的不就行了！」於是，他們著手改進牙刷。

加籐信三經過實驗取得成效後，正式向公司提出了這一項改變牙刷毛形狀的建議，公司很樂意改進自己的產品，欣然把全部牙刷毛的頂端改成圓形。改進後的獅王牌牙刷，在廣告媒介的作用下，銷路極好，連續暢銷十餘年，銷售量佔全國同類產品的三成到四成，加藤信三也由職員晉陞爲科長，十幾年後成爲公司的董事長。

牙刷不好用，在我們看來已是司空見慣的事情，很少有人會去想辦法解決這個問題，所以機遇就不屬於我們。而加籐信三既發現了問題，又設法解決了問題，結果，他由此獲得了機會。所以，牙刷不好用對他來說就是一個機遇。這是注重和追究細節給人帶來機遇的一個案例。

一位管理學家指出，在市場競爭日益激烈殘酷的今天，任何細微的東西都可能成爲「成大事」或者「亂大謀」的決定性因素。

無論在生活中還是工作中，願意把小事做細的人才能最終脫穎而出。我們不缺少雄韜偉略的戰略家，缺少的是精益求精的執行者；我們不缺少各類管理規章制度，缺少的是對規章條款不折不扣的遵守者。我們必須改變心浮氣躁、淺嘗輒止的毛病，提倡一絲不苟、注重細節的作風，把大事做細，把小事做好。

關注細節，不僅能夠提高我們分析問題、解決問題的能力，還能夠拉近我們和別人的距離，密切彼此的關係，因此，我們要放棄粗心和馬虎，養成關注細節的習慣，在生活中我們要學會認真仔細。生活中的每一個細節，我們都可以利用它，使我們的人生變得更加輝煌。

把每一件簡單的事做好就是不簡單，把每一件平凡的事做好就是不平凡。

46 多看一眼、多想一下 就能避免很多悲劇

曾經有這樣一起事故，因天然氣爆炸炸毀了半條街。在事後的事故調查中發現，此次事故的起因，竟是一塊不起眼的石頭！

原來，當初建輸氣管道時，埋藏主管道的走行路線被設計在行車的道路下。工人按設計在道路底下挖埋設管道的溝，一些挖出來的石塊，被隨意堆放在溝旁。溝挖好後，路過的行人有好事者，隨意將一塊石頭，踢進了準備鋪放輸氣管道的溝中。

施工工人根本就沒把這小小的石塊放在眼裡，不屑於將其取出，想當然的認爲，這對施工不會有影響。於是，天然氣的輸送主管道，最終被鋪設在了這塊石頭之上。

管道鋪好後，道路又恢復了以往的車水馬龍。在夜以繼日的車輛碾壓下，管道所受的壓力亦被聚在支點——那塊石頭上。最終，不堪負荷的輸氣管道，終被這塊石頭破壞，致天然氣洩漏。

事故發生後人們回憶，經過這條道路的行人，常能聞到一股天然氣的味道。但卻

沒人關注這件事，關注都談不上，也就提不上報警了。

更不可思議的是，這條道路下的天然氣管道之旁，竟然還有一條地下電纜與之伴行！洩漏的天然氣，沿著這地下電纜瀰散，進入了一棟住商混合大樓的配電間，並在此配電間積聚。

一天電源跳電，有人進入配電間重啓電源，瞬間，重啓電源時的電火花引起了早就積聚在配電間的天然氣爆炸，並沿著充滿天然氣的電纜間隙至天然氣主管道，將大半條街炸毀……

我們來假設一下吧！如果設計者不把天然氣鋪設管道的埋設線路設計在行車道下；如果其周邊沒有那電纜的伴行；如果挖出來的石頭被及時清運走；如果路人沒有好事者將那石頭踢進了溝中；如果施工人員將被踢入溝中的石塊撿出；如果天然氣洩漏後的氣味能引起人們足夠的警覺；如果配電間有足夠的通風；如果跳電後人們不魯莽的一進配電間即重啓電源，那麼……

從這起人禍的經驗教訓中，可以引出一新的概念——事故鏈。現實中的許多事故，發生發展並非單一因素引起，而是由一系列不經意的未能得到及時發現甚至已發現但又被認爲無關緊要而未能及時處理的小事件，亦即所謂的事故隱患累積而來。諸環節絲絲相扣，任一環節的延續過程若能得到及時終止，都能避免事故的發生。卻偏偏未能終止，積少成多，事故發生的概率在不知不覺中悄然增長。雖然每個人都只錯了那麼一點點，但終於由量變到質變，釀成難以挽回的大禍，血的教訓啊！

所以，防止人禍，既然是全民的共識，也就應該從每一個公民的責任感開始。請記住什麼叫做「事故鏈」。願我們每一個人，不要成爲其中的一環……

有時，我們犯了錯誤，甚至是較大的錯誤，但僥倖沒有發生事故，錯誤也往往被掩蓋了，但在已經發生的事故中，卻必然隱含著一系列的這樣、那樣的錯誤。這些錯誤往往不是什麼大問題，是多看一眼、多走一步、多想一下、多說一點即可避免的，是舉手之勞就可解決的。但細細想來，豈敢樂觀，這樣的一點點小錯在實際工作、生活中何其多，真正有效消除這樣的問題何其難！

一點點的錯誤、一點點的大意、一點點的懈怠，都可能引發巨大的災難；一點點的細心、一點點的盡意、一點點的靜思就可能會平安無事或化險為夷。

47 關注細節，做什麼都要力求做到最好

水溫升到攝氏九十九度還不是開水，其價值有限；若再添一把火，在攝氏九十九度的基礎上再升高一度，就會使水沸騰，並產生大量水蒸氣來開動機器，獲得巨大的經濟效益。一百件事情，如果九十九件事情做好了，一件事情未做好，而這一件事情就有可能對某一單位、某個人產生百分之百的影響。

我們工作中出現的問題，的確只是一些細節上做得不完善。而恰恰是這些細節的不完善，又常常會造成較大影響。對很多事情來說，執行上的一點點差距，往往會導致結果上出現很大的差別。很多執行者工作沒有做完善，甚至相當一部分人做到了百分之九十九，就差百分之一，但就是這點細微的區別使他們在事業上很難取得突破和成功。

一位管理專家一針見血的指出，從手中溜走百分之一的不合格，到用戶手中就是百分之百的不合格。因此是絲毫不可忽視和鬆懈的。

某房地產公司的總經理曾回憶到：「幾年前，一個與我們公司合作的外資公司的工程師，爲了拍攝建案的全景，本來在樓上就可以拍攝，但他硬是徒步走了兩公里，爬到一座山上，連周圍的景觀都拍攝得清清楚楚。當時我問他爲什麼要這麼做，他只回答了一句：『回去董事會成員會向我提問，我要把這整個建案的情況詳細告訴他們，才算完成任務，不然就是工作沒做好。』」

這位工程師的個人信條就是：「我要做的事情，不會讓任何人操心。任何事情，只有做到百分百才是合格，九十九分都是不合格，六十分就是瑕疵品。」

因此，要想把事情做到最好，你的心目中必須有一個很高的標準，不能是一般的標準。在決定事情之前，要進行周密的調查論證，廣泛徵求意見，盡量把可能發生的情況考慮進去，以盡可能避免出現百分之一的漏洞，直至達到預期效果。

生命中的大事皆由小事累積而成，沒有小事的累積，也就成就不了大事。人們只有瞭解了這一點，才會開始關注那些以往認爲無關緊要的小事，開始培養自己做事一絲不苟的美德，力爭成爲深具影響力的人。

做事一絲不苟，意味著對待小事和對待大事一樣謹慎。生命中的許多小事都蘊涵著令人不容忽視的道理。那種認爲小事可以被忽略、置之不理的想法，正是我們做事不能善始善終的根源，它不僅使工作不完美，生活也不會快樂。

每一位老闆都知道一絲不苟的美德是多麼難得，不良的工作作風總是會在公司四處蔓延，要想找到願意爲工作盡心盡力、一絲不苟的員工，是很困難的一件事，因爲無論大事、小事都盡心盡力、善始善終的員工十分少見。

一個人成功與否，在於他是不是做什麼都力求做到最好。成功者無論從事什麼工作，他都絕對不會輕率疏忽。因此，在工作中你應該以最高的規格要求自己。能做到最好，就必須做到最好；能完成百分之百，就絕不只做百分之九十九。

只要你把工作做得比他人更完美、更快、更準確，就能引起他人的關注，實現你心中的願望。

放掉無謂的固執

冷靜的用開放的心胸做正確的抉擇

正確的抉擇將會指引你走在成功的坦途上。

只有放棄，才能擁有

GIVE UP TO OWN SOMETHING

放棄不適當的目標，別把固執當執著

PART 20

人生道路上，我們常常被高昂而光彩的語彙弄昏了頭，以不屈不撓、百折不回的精神堅持死不認輸，因而輸掉了自己！然而，尋夢者終歸是徒勞無功的。明智的放棄，勝過盲目的執著。在通往成功的道路上，有了執著的精神，便有了雙足不斷前行的動力。但千萬不要在道路的岔口，被不理性的風沙迷濛了雙眼，進入固執的死胡同而又不肯回頭，否則就離成功越來越遠。

48 別讓不適當的「執著」套住自己

一對師徒走在路上，徒弟發現前方有一塊大石頭，他就皺著眉頭停在石頭前面。

師父問他：「爲什麼不走呢？」

徒弟苦著臉說：「這塊石頭擋著我路，我走不下去了，怎麼辦？」

師父說：「路這麼寬，你怎麼不會繞過去呢？」

徒弟回答道：「不，我不想繞，我就想要從這個石頭上走過去！」

師父：「可是你能做到嗎？」

徒弟說：「我知道很難，但是我就要走過去，我就要打倒這個大石頭，我要戰勝它！」

經過艱難的嘗試，徒弟一次又一次的失敗了。

最後徒弟很痛苦：「連這個石頭我都不能戰勝，我怎麼能完成我偉大的理想？」

師父說：「你太執著了，你要知道，有時堅持不如放棄。」

執著，歷來被認爲是一種可貴而值得稱道的精神。但是，執迷不悟的固執，是否又是一種自欺？因種種主客觀因素制約難圓其夢，與其一意孤行的固執下去，不如正視現實，咬咬牙，勇敢的放棄。

愚公移山的故事世人皆知。有人敬重愚公，因爲他「寒暑易節始一反焉」，堅持不懈，這是執著；有人批判愚公，因爲他寧可去選擇移山這種事倍功半的徒勞，也不願改換一種更省力有效的方法，這就是固執。固執是一種不理性的盲目執著，做事要選擇正確的方向，別讓執著變成固執。

有些時候，執著不等於不懈努力，執著不等於心懷理想，執著更不等於百折不撓。執著不會讓你離成功更近，甚至，執著是一切煩惱和世間苦難的根本。

要想成功，必須不懈努力並沒有錯，然而，很多人卻誤讀成了「執著等於成功」，或執著必定成功。這就大錯特錯了。

蒼蠅執著嗎？永遠飛不過那扇窗；驢子執著嗎？永遠離不了那盤磨。分不清形式，看不到未來，更不講究方式方法，一低腦袋就向前衝，與其說那是「執著」，不如說是「死腦筋」。

在有些問題上，過度的堅持，會導致更大的浪費。如果沒有成功的可能和希望，你屢屢實驗是愚蠢的，毫無益處的。

牛頓早年就是永動機的追隨者。在進行了大量的實驗之後，他很失望，但他很明智的退出了對永動機的研究，在力學中投入更大的精力。最終，許多永動機的研究者默默而終，而牛頓卻擺脫了無謂的研究，而在其他方面脫穎而出。

放掉無謂的固執，冷靜的用開放的心胸做正確的抉擇，正確的抉擇將會指引你走在成功的坦途上。

現實生活中，我們要學會靈活變通的態度，我們要懂得放棄，放棄也是一種明智的選擇。

49 發現自己的目標錯了就要及時改變

人生是個不斷探索的過程，失敗有時並不是由於你的能力、學識的不足，而是由於你錯誤的選擇了目標。而失敗正是給予了你一個重新思考、從錯誤中解脫的良機。

美國著名的不動產經紀人安德魯最初是葡萄酒推銷員，這是他的第一份工作，他不知道自己還能做什麼，於是，他認爲自己的目標就是「賣葡萄酒」。

最初，他爲一個賣葡萄酒的朋友工作；接著，他爲一名葡萄酒進口商工作；最後，他跟另外兩個人合作辦起了自己的進口業務。這並非出自熱情，而是因爲，正如他自己所說：「爲什麼不？我過去一直在賣葡萄酒。」

生意越來越糟，可是安德魯還是拚命抓住最後一根稻草，直到公司倒閉。他不改行，是因爲他不知道自己還能做什麼。

事業的失敗迫使他去上一門教人們如何創業的課，他的同學有銀行家、藝術家、汽車修理工。他逐漸認識到，這些人並不認爲他是個「賣葡萄酒的」，而認爲他是個

「有才能的人」、「善交際的人」，他們對他的看法使他拋棄了原來的目標。

他開始猛然醒悟，仔細分析，探索其他行業，檢查自己到底想做什麼。最後，他選擇了和夫人一起進軍房地產業，使他取得了推銷葡萄酒永遠不能為他帶來的成功。

許多職業專家認為，一個人一生中至少要經過兩三次變換，才能最後找到適合自己特長的事業。而確定自己合理的目標，則需要同樣長的一段時間。

十八世紀英國的大政治家伯基說過：「無法付諸實現的事物，是不值得我們去追求的。在這個世界上，若是經過瞭解以及正確的追求，而仍然無法得到的東西，那麼，這種東西對我們毫無益處可言。」

日復一日，年復一年，永遠要有目標——屬於你自己的目標，不是別人強加在你身上的目標——是你自己的目標。

目標必須是你自己的。否則的話，你的努力便對你沒有好處了。身為一個人，你必須澄清你的思想，除去不相干的事件，並深入你的內心，看清你要達到的目標是什麼。

在你擬定自己的目標時，不要讓慣常的思想奪走你的決心。假如做一張桌子能使你感到滿足，那就是一個值得完成的目標——縱使除你以外的人都覺得沒有什麼價值，那也沒有什麼關係。如果寫一本五百頁的書使你感到厭倦，那就是一個不值一試的目標了，爲什麼？因爲它不能使你滿足——儘管別人認爲那很重要，你也不必去管它。

凡是目標，不論大小，都有意義——只要它能使你得到成就感。目標本身沒有大小，大小全看你的想法。

英國詩人布朗寧在《一個數學家的葬禮》中寫道：

「腳踏實地的人要找一件小事做，找到事情就去做；眼高手低的人要找一件大事做，沒有找到，生命就走到了盡頭。腳踏實地的人做了一件又一件，不久就做一百件；眼高手低的人，一下要做百萬件，結果一件也未實現。」

布朗寧的這首詩生動的說明了制訂的目標必須「恰當」、「現實」的重要性。

在生活中，爲自己選定適宜的目標是不容易的，往往需要多次調整才能確定方向。執著的追求是應該嘉許和稱道的。但如明知道不行，卻仍一條巷子走到底，明知客觀條件造成的障礙無法逾越，還要硬鑽牛角尖，這就不可取了。

若原定目標與自己的性格、才能、興趣明顯背道而馳，目標實現的可能性就會減小。這就需要適時對目標作橫向調整。要及時捕捉新的信息，確定新的、更易成功的主要目標。

揚長避短是確定目標、選擇職業的重要方法。在科學、藝術史上，大量人才成敗的經歷證明，有的人在某一方面具有良好的天賦和能力，但不可能有多方面的強項。有的人在研究、治學上是一把好手，而一到管理、經營的崗位，他就一籌莫展，顯得能力平平，甚至很差。

一旦發現了選擇大方向上的失誤，就要及時更正，以便更好的發掘自身的潛能，獲得更加幸福和成功的人生。

謝謝您購買　　　　　　　　　　　　　　　　這本書！

即日起，詳細填寫本卡各欄，對折免貼郵票寄回，我們每月將抽出一百名回函讀者寄出精美禮物，並享有生日當月購書優惠！

想知道更多更即時的消息，歡迎加入"永續圖書粉絲團"

您也可以利用以下傳真或是掃描圖檔寄回本公司信箱，謝謝。

傳真電話：（02）8647-3660　　　　信箱：yungjiuh@ms45.hinet.net

☺ 姓名：　　　　　　　　□男　□女　　　□單身　□已婚

☺ 生日：　　　　　　　　□非會員　　　　□已是會員

☺ E-Mail：　　　　　　　電話：（　）

☺ 地址：

☺ 學歷：□高中及以下　□專科或大學　□研究所以上　□其他

☺ 職業：□學生　□資訊　□製造　□行銷　□服務　□金融

□傳播　□公教　□軍警　□自由　□家管　□其他

☺ 您購買此書的原因：□書名　□作者　□內容　□封面　□其他

☺ 您購買此書地點：　　　　　　　金額：

☺ 建議改進：□內容　□封面　□版面設計　□其他

您的建議：

廣告回信
基隆郵局登記證
基隆廣字第 57 號

新北市汐止區大同路三段一九四號九樓之一

大拓文化事業有限公司收

請沿此虛線對折免貼郵票，以膠帶黏貼後寄回，謝謝！